Short Stories in Polish

English and Polish Short Stories Side by Side

Foreword

Stories have the power to bridge divides and bring us closer together ●. In this distinct book, embark on a literary journey where tales unfold seamlessly in both Polish and English, side by side ▥. By presenting the two languages together, readers are offered a unique opportunity to experience and relish the nuances, rhythm and intricacies of each tongue. Dive into the narratives and witness how two different linguistic worlds can beautifully coexist on the same page ✴. This bilingual format not only provides entertainment but also serves as a testament to the art of storytelling, celebrating its versatility across languages 🗨▥. Whether you're a lover of language, an avid reader, or just curious about the blend of Polish and English tales, this collection promises a memorable expedition. Dive deep, savor each word, and let the stories resonate.

Enjoy every page! 🕮𓏏

How to say the Polish letters

- like 'u' in "cup"
- nasalized, between 'on' in "song" without the 'g' and 'own' in "shown"
- like 'b' in "book"
- like 'ts' in "cats"
- like 'ch' in "cheese", but softer
- like 'd' in "dog"
- like 'e' in "pen"
- nasalized, like 'en' in "end" but with the nose
- like 'f' in "fish"
- like 'g' in "go"
- like 'h' in "hat"
- like 'ee' in "see"
- like 'y' in "yes"
- like 'k' in "kite"
- like 'l' in "love"
- like 'w' in "we"
- like 'm' in "man"
- like 'n' in "no"
- like 'ny' in "canyon"
- like 'o' in "pot"
- like 'oo' in "boot"
- like 'p' in "pen"
- rolled, as in Spanish "perro"
- like 's' in "say"
- like 'sh' in "she"
- like 't' in "top"
- like 'oo' in "boot"
- like 'v' in "vase"
- like 'i' in "bit"
- like 'z' in "zoo"
- softer than 'zh', like 'si' in "vision"
- like 'zh' in "treasure"

Please note that this pronunciation guide offers a simplified representation of English pronunciation based on comparisons with the Polish language. The actual Polish sounds may differ in their subtlety and context-dependence. This guide serves as a basic starting point and does not replace more detailed and specific linguistic guidance.

Table of Contents

A New Friend

Yasin's family left Iraq and moved to England. They wanted to be safe and to be accepted. In London, Yasin met his neighbor, Andrew. They became very good friends.

Yasin got better at speaking English. But he was worried about going to school. On the first day, Andrew went with him. Andrew helped him feel less scared. At school, some kids made fun of Yasin. But Andrew stood up for him. Andrew told everyone that being different is good.

Soon, the other kids started to be nice to Yasin. They played with him. Yasin felt better about himself. He and Andrew got to be closer friends. They learned a lot from each other. Their friendship showed that having friends who are different is good.

Yasin was happy for his new life and friend in England. He was thankful for the chances to grow and learn.

Nowy Przyjaciel

Rodzina Yasina opuściła Irak i przeprowadziła się do Anglii. Chcieli być bezpieczni i być akceptowani. W Londynie Yasin poznał swojego sąsiada, Andrew. Zostali bardzo dobrymi przyjaciółmi.

Yasin coraz lepiej mówił po angielsku. Ale martwił się o to, jak będzie w szkole. W pierwszym dniu Andrew poszedł z nim. Andrew pomógł mu poczuć się mniej przestraszonym. W szkole niektóre dzieci naśmiewały się z Yasina. Ale Andrew stanął w jego obronie. Andrew powiedział wszystkim, że bycie innym jest dobre.

Wkrótce inne dzieci zaczęły być miłe dla Yasina. Bawiły się z nim. Yasin czuł się lepiej ze sobą. On i Andrew stali się bliższymi przyjaciółmi. Nauczyli się od siebie wiele. Ich przyjaźń pokazała, że posiadanie przyjaciół, którzy są inni, jest dobre.

Yasin był szczęśliwy z nowego życia i przyjaciela w Anglii. Był wdzięczny za szanse na rozwój i naukę.

Przyjaciel (Friend)
Bezpieczni (Safe)
Akceptowani (Accepted)
Naśmiewały (Made fun)
Obrona (Defense/Up for)
Inny (Different)
Bawiły się (Played)
Przyjaźń (Friendship)
Szczęśliwy (Happy)
Wdzięczny (Thankful)

Sam's New Home

Sam was at the airport, waiting for his bag. He felt sad and cold, missing the sunny days in India. His family had to move to Paris because his dad got a new job. Sam was sad about leaving his friends.

At the airport, a boy looked at Sam's turban and it made Sam feel strange. He took a bag that looked like his and left quickly. When they were driving to their new place, Sam saw that Paris was very different from his town. His dad told him to look forward to new things.

On his first day at school, Sam was worried because he didn't know French and he was the only one with a turban. His dad told him it would be okay and they went in. Sam saw the boy from the airport who was now crying. The boy, Pierre, said he lost his bag with special things from India.

Sam found out he had Pierre's bag by accident. They became friends and Pierre showed Sam around the school. Sam learned about the Eiffel Tower and even talked about India in school with Pierre's help.

Sam learned that being brave, kind, and open to new things helped him start his new life in Paris.

Nowy Dom Sama

Sam był na lotnisku, czekając na swoją walizkę. Czuł się smutny i zmarznięty, tęskniąc za słonecznymi dniami w Indiach. Jego rodzina musiała przeprowadzić się do Paryża, ponieważ jego tata dostał nową pracę. Sam był smutny z powodu opuszczenia swoich przyjaciół.

Na lotnisku chłopiec spojrzał na turban Sama i to sprawiło, że Sam poczuł się dziwnie. Wziął torbę, która wyglądała na jego i szybko wyszedł. Kiedy jechali do swojego nowego miejsca, Sam zauważył, że Paryż jest bardzo różny od jego miasta. Jego tata powiedział mu, żeby cieszył się nowymi rzeczami.

W pierwszym dniu w szkole Sam martwił się, bo nie znał francuskiego i był jedynym z turbanem. Jego tata powiedział mu, że będzie dobrze i poszli do środka. Sam zobaczył chłopca z lotniska, który teraz płakał. Chłopiec, Pierre, powiedział, że zgubił swoją torbę ze specjalnymi rzeczami z Indii.

Sam dowiedział się, że przez przypadek wziął torbę Pierre'a. Zostali przyjaciółmi, a Pierre pokazał Samowi szkołę. Sam dowiedział się o Wieży Eiffla i nawet opowiadał o Indiach w szkole z pomocą Pierre'a.

Sam nauczył się, że bycie odważnym, życzliwym i otwartym na nowe rzeczy pomogło mu zacząć nowe życie w Paryżu.

Lotnisko (Airport)
Zmarznięty (Cold)
Tęsknić (Miss)
Przeprowadzić się (Move)
Turban (Turban)
Różny (Different)
Martwić się (Worried)
Odważny (Brave)
Życzliwy (Kind)
Nowe życie (New Life)

Tim's Stripes

Tim, a young tiger from India, was cold in winter. He missed his warm Indian home. He tried to think of his old home but it was hard, and that made him feel sad.

One day, Tim was trying to remember his life in India. Lila, a panther, sa him. She asked what he was doing. Tim told her he was trying to remember being from India.

Lila said to Tim to look at his stripes in the ice. She told him her spots make her think of Africa. Lila's eyes shone when she talked about Afric She told Tim that they were different but also the same, with whiskers and sharp claws.

Tim thought about if other animals missed their homes too. Lila said all animals at the zoo miss their homes sometimes, but they have special things to remember where they are from.

Tim felt better because his stripes would always remind him of his home in India. When it got dark, Tim saw that all the zoo animals were different but felt the same things, and he knew he was not alone.

Pasy Tima

Tim, młody tygrys z Indii, odczuwał zimno zimą. Tęsknił za swoim ciepłym indyjskim domem. Starał się myśleć o swoim starym domu, ale było to trudne i sprawiało, że czuł się smutny.

Pewnego dnia, kiedy Tim próbował przypomnieć sobie swoje życie w Indiach, zobaczyła go Lila, pantera. Zapytała, co robi. Tim powiedział jej, że stara się przypomnieć sobie życie w Indiach.

Lila powiedziała Timowi, żeby spojrzał na swoje pasy w lodzie. Powiedziała mu, że jej plamy przypominają jej o Afryce. Oczy Lily błyszczały, gdy mówiła o Afryce. Powiedziała Timowi, że są różni, ale też tacy sami, z wąsami i ostrymi pazurami.

Tim zastanawiał się, czy inne zwierzęta też tęsknią za domem. Lila powiedziała, że wszystkie zwierzęta w zoo czasami tęsknią za domem, ale mają coś specjalnego, co przypomina im skąd pochodzą.

Tim poczuł się lepiej, bo jego pasy zawsze będą przypominać mu o domu w Indiach. Kiedy zrobiło się ciemno, Tim zobaczył, że wszystkie zwierzęta w zoo są różne, ale czują to samo i wiedział, że nie jest sam.

Tygrys (Tiger)
Tęsknić (Miss)
Dom (Home)
Smutny (Sad)
Pasy (Stripes)
Lód (Ice)
Plamy (Spots)
Wąsy (Whiskers)
Pazury (Claws)
Zoo (Zoo)

The Candy House

There was a poor man in a little town with his kids, Tom and Sally. They didn't have much food. His wife wanted to leave the kids in the forest so they would have enough to eat.

Tom heard this and picked up shiny stones. When they were in the forest, he left stones on the ground to help them get back home. They came back, but the wife was angry. She told the man to take them to the forest again.

Tom used bread pieces to mark the way this time, but birds ate them, and they got lost. They found a house made of candy and began to eat it. An old lady, who was a bad witch, asked them inside because she wanted to eat them.

The witch gave them lots of food to make them big. Tom fooled her with a bone when she wanted to feel how fat he was. When she tried to cook Tom, Sally pushed her into the oven and locked it.

They found gold in the witch's house and got Tom out. They took the gold and went home. Their dad was there, but their stepmom wasn't. Tom and Sally had plenty of food and money after that.

Dom z Cukru

Był sobie biedny człowiek w małym miasteczku ze swoimi dziećmi, Tomem i Sally. Nie mieli wiele jedzenia. Jego żona chciała zostawić dzieci w lesie, by mieli wystarczająco do jedzenia.

Tom to usłyszał i zebrał błyszczące kamienie. Gdy byli w lesie, zostawił kamienie na ziemi, aby pomóc im wrócić do domu. Wrócili, ale żona była zła. Kazała mężczyźnie zabrać ich ponownie do lasu.

Tym razem Tom użył kawałków chleba, aby oznaczyć drogę, ale ptaki je zjadły i zgubili się. Znaleźli dom zrobiony z cukru i zaczęli go jeść. Stara kobieta, która była złą czarownicą, zaprosiła ich do środka, bo chciała ich zjeść.

Czarownica dała im dużo jedzenia, aby stali się więksi. Tom ją oszukał kością, kiedy chciała sprawdzić, jak bardzo jest tłusty. Gdy próbowała ugotować Toma, Sally popchnęła ją do pieca i zamknęła.

Znaleźli złoto w domu czarownicy i wyciągnęli Toma. Wzięli złoto i wrócili do domu. Ich tata był tam, ale macochy już nie było. Tom i Sally mieli od tej pory dużo jedzenia i pieniędzy.

Biedny (Poor)
Miasteczko (Town)
Jedzenie (Food)
Las (Forest)
Kamienie (Stones)
Czarownica (Witch)
Złoto (Gold)
Chleb (Bread)
Cukier (Candy)
Pieniądze (Money)

Tim's Bumpy Shell

Long ago, there was no food in the land. There lived a tricky tortoise, Tim, and a rabbit, Rob, who looked good. Tim wondered why Rob was not thin. He acted sad to get Rob to like him. Rob felt sorry for Tim and offered to help. He told Tim to come to a brook at night.

At night, they found a place in the forest. Rob sang, and a rope came down. They climbed up and found a cloud with a door. Rob's mom was there with lots of good food. Tim ate a lot and got very full. Then they went home.

The next day, Tim was hungry and went back alone. He sang and climbed the rope. Rob saw him and had his mom cut the rope. Tim fell on a rock, and his shell broke into bits. It was never smooth again.

Nierówna Skorupa Tima

Dawno temu, w krainie nie było jedzenia. Żył przebiegły żółw, Tim, oraz wyglądający na zdrowego królik, Rob. Tim zastanawiał się, dlaczego Rob nie jest chudy. Udawał smutnego, by zyskać sympatię Roba. Rob współczuł Timowi i zaproponował pomoc. Kazał mu przyjść nad strumyk nocą.

W nocy znaleźli miejsce w lesie. Rob zaśpiewał, i spuściła się lina. Wspięli się i znaleźli chmurę z drzwiami. Matka Roba była tam z mnóstwem dobrego jedzenia. Tim dużo zjadł i był bardzo pełny. Potem wrócili do domu.

Następnego dnia Tim był głodny i wrócił sam. Zaśpiewał i wspiął się po linie. Rob go zobaczył i kazał matce przeciąć linę. Tim spadł na skałę, a jego skorupa rozpadła się na kawałki. Już nigdy nie była gładka.

Żółw (Tortoise)
Królik (Rabbit)
Smutny (Sad)
Strumyk (Brook)
Chmura (Cloud)
Jedzenie (Food)
Skorupa (Shell)
Skała (Rock)
Nierówna (Bumpy)
Gładka (Smooth)

Ben and His Horse

There was once a farmer named Ben who had a horse named Gilly. They worked together every day. They had food and sold extra vegetables in the market.

One year, it didn't rain, and the plants did not grow. Ben had no money. He sold his things to get food. He hoped for rain so he could farm again.

Many dry months went by. Ben and Gilly got very hungry. Ben thought about eating Gilly. But when he looked into Gilly's eyes, he felt bad and said sorry. Gilly was okay with Ben.

Then it rained, and the plants grew. Ben and Gilly grew lots of vegetables and sold them. They got money and bought food. They weren't hungry anymore. Ben decided he would never think about eating Gilly again because Gilly was his good friend.

Ben i Jego Koń

ył sobie rolnik o imieniu Ben, który miał konia o imieniu Gilly. Pracowali
azem każdego dnia. Mieli jedzenie i sprzedawali nadmiar warzyw na
argu.

ewnego roku nie padał deszcz, a rośliny nie rosły. Ben nie miał pieniędzy.
przedawał swoje rzeczy, aby zdobyć jedzenie. Miał nadzieję na deszcz,
y móc znowu uprawiać rolnictwo.

rzez wiele suchych miesięcy Ben i Gilly byli bardzo głodni. Ben myślał o
jedzeniu Gilly. Ale kiedy spojrzał w oczy Gilly, poczuł się źle i przeprosił.
illy nie miała mu tego za złe.

otem spadł deszcz, a rośliny urosły. Ben i Gilly wyhodowali dużo warzyw i
przedali je. Zarobili pieniądze i kupili jedzenie. Już nie byli głodni. Ben
ostanowił, że nigdy więcej nie pomyśli o zjedzeniu Gilly, ponieważ Gilly był
ego dobrym przyjacielem.

olnik (Farmer)
oń (Horse)
Varzywa (Vegetables)
eszcz (Rain)
ieniądze (Money)
łodny (Hungry)
rzeprosiny (Sorry)
rzyjaciel (Friend)
arg (Market)
prawa (Farming)

The Fisherman and the Magic Bottle

A long time ago, there was an old man who loved fishing. He fished a lot and sometimes sold fish for money. Some days he caught many, other days none.

One day, he found a green bottle in his net. He thought he could sell it. He opened the bottle, and a big genie came out!

The old man was surprised. The genie did not give wishes; he was mean and scared the old man.

The old man had a smart idea. He told the genie, "I don't think you can fit in the bottle." The genie wanted to show he could and got small again and went into the bottle.

The old man closed the bottle with the genie inside and threw it into the sea. The genie had to stay in the bottle in the water always.

Rybak i Magiczna Butelka

Dawno temu był stary człowiek, który kochał wędkarstwo. Często łowił ryby, a czasami sprzedawał je za pieniądze. Niektóre dni łowił wiele, inne dni nic.

Pewnego dnia znalazł w sieci zieloną butelkę. Pomyślał, że może ją sprzedać. Otworzył butelkę, a z niej wyszedł wielki dżin!

Stary człowiek był zaskoczony. Dżin nie spełniał życzeń; był złośliwy i przestraszył starego człowieka.

Stary człowiek miał mądry pomysł. Powiedział dżinowi: "Nie sądzę, żebyś zmieścił się z powrotem do butelki." Dżin chciał pokazać, że może i ponownie się zmniejszył, po czym wrócił do butelki.

Stary człowiek zamknął butelkę z dżinem w środku i wrzucił ją do morza. Dżin musiał zawsze pozostać w butelce w wodzie.

Rybak (Fisherman)
Magiczna (Magic)
Butelka (Bottle)
Dżin (Genie)
Wędkarstwo (Fishing)
Zaskoczony (Surprised)
Złośliwy (Mean)
Pomysł (Idea)
Mądry (Smart)
Morze (Sea)

The Farmer, the Donkey, and the Dog

There was a farmer who had a lot of donkeys for work and a dog to guard his farm. One evening, he forgot to feed the dog. The hungry dog told the donkey, "I have no food!" The donkey said, "The farmer will feed you soon."

But the farmer didn't come. That night, a thief came to the farm. The donkey told the dog, "Bark to wake the farmer!" The dog said, "Why should I? He didn't feed me."

The donkey tried to ask the dog again but it didn't work. So, the donkey began to make noise. All the donkeys made noise, and the farmer woke up. He saw the thief and scared him away.

The farmer then remembered the dog's food and gave it to him, saying sorry. He knew he should take good care of his animals.

Rolnik, Osioł i Pies

ył sobie rolnik, który miał wiele osłów do pracy i psa do strzeżenia swojej ɑrmy. Pewnego wieczoru zapomniał nakarmić psa. Głodny pies powiedział sowi: "Nie mam jedzenia!" Osioł odpowiedział: "Rolnik wkrótce cię ɑkarmi."

le rolnik nie przyszedł. Tej nocy do farmy przyszedł złodziej. Osioł owiedział psu: "Zaszczekaj, by obudzić rolnika!" Pies odpowiedział: Dlaczego miałbym to robić? Nie dał mi jedzenia."

)sioł próbował ponownie przekonać psa, ale to nie działało. Więc osioł ɑczął robić hałas. Wszystkie osły zrobiły hałas, i rolnik się obudził. ɔbaczył złodzieja i przepędził go.

olnik wtedy przypomniał sobie o jedzeniu dla psa i dał mu je, rzepraszając. Wiedział, że powinien dobrze dbać o swoje zwierzęta.

olnik (Farmer)
)sioł (Donkey)
ies (Dog)
łodny (Hungry)
łodziej (Thief)
ɑrmy (Farm)
Jakarmić (To feed)
Hałas (Noise)
rzepraszając (Saying sorry)
ɔbając (Taking care of)

Smart Bunny

In a forest, a mean tiger scared all the animals. But a rabbit wasn't scared. The rabbit wanted to help everyone. He had a smart idea.

He told the animals he could make the forest safe. They weren't sure but said okay. The rabbit went to the tiger and said a bigger tiger was in the forest. The mean tiger wanted to see this big tiger.

The rabbit took the tiger to a well and said the big tiger was inside. The mean tiger looked in the well, saw his own face, and thought it was the big tiger.

The rabbit made the mean tiger jump into the well to "fight" the big tiger. The mean tiger got trapped.

The rabbit told the animals they were safe. All the animals were happy and thanked the clever rabbit.

Mądry Królik

W lesie, zły tygrys straszył wszystkie zwierzęta. Ale królik się nie bał. Królik chciał pomóc wszystkim. Miał mądry pomysł.

Powiedział zwierzętom, że może uczynić las bezpiecznym. Nie byli pewni, ale powiedzieli ok. Królik poszedł do tygrysa i powiedział, że w lesie jest większy tygrys. Zły tygrys chciał zobaczyć tego wielkiego tygrysa.

Królik zabrał tygrysa do studni i powiedział, że wielki tygrys jest w środku. Zły tygrys zajrzał do studni, zobaczył swoje własne odbicie i pomyślał, że to wielki tygrys.

Królik sprawił, że zły tygrys skoczył do studni, aby "walczyć" z wielkim tygrysem. Zły tygrys został uwięziony.

Królik powiedział zwierzętom, że są bezpieczne. Wszystkie zwierzęta były szczęśliwe i podziękowały sprytnemu królikowi.

Mądry (Smart)
Królik (Bunny/Rabbit)
Zły (Mean)
Tygrys (Tiger)
Zwierzęta (Animals)
Bezpieczny (Safe)
Studnia (Well)
Odbicie (Reflection)
Uwięziony (Trapped)
Sprytny (Clever)

The Brave Blackbird Family

A family of blackbirds lived in a garden in Milan. They had a nest high in a tree. The parent birds were black, and their chicks were white.

One very cold winter, they stayed under a roof for warmth. The daddy bird looked for food, but it was hard to find. Nice people threw them bread crumbs.

It got very, very cold, so the daddy bird flew away to find a warm place. The mommy bird moved the nest to a warm chimney for the chicks. After three cold days, the daddy bird came back.

The smoke from the chimney made the family all black. Now, all blackbirds are black, not white.

In Milan, people remember this blackbird family during the coldest days of January. They call these "the days of the blackbird."

Odważna Rodzina Kosów

Rodzina kosów mieszkała w ogrodzie w Mediolanie. Mieli gniazdo wysoko na drzewie. Rodzice byli czarni, a ich pisklęta białe.

Pewnej bardzo zimnej zimy, schronili się pod dachem dla ciepła. Samiec szukał jedzenia, ale było to trudne. Mili ludzie rzucali im okruchy chleba.

Zrobiło się bardzo, bardzo zimno, więc samiec odleciał, aby znaleźć ciepłe miejsce. Samica przeniosła gniazdo do ciepłego komina dla piskląt. Po trzech zimnych dniach, samiec wrócił.

Dym z komina sprawił, że cała rodzina stała się czarna. Teraz wszystkie kosy są czarne, a nie białe.

W Mediolanie ludzie pamiętają tę rodzinę kosów podczas najzimniejszych dni stycznia. Nazywają je "dniami kosów".

Odważna (Brave)
Rodzina (Family)
Kosy (Blackbirds)
Ogrodzie (Garden)
Mediolan (Milan)
Gniazdo (Nest)
Zimna (Cold)
Okruchy (Crumbs)
Komin (Chimney)
Pisklęta (Chicks)

The Little Dreaming Gardener

Sally was a girl who helped in her family's garden. They often shared their vegetables with people in town.

Her dad sent her to give vegetables to Mrs. Brown. Sally wanted to sell vegetables one day, have a big garden, and buy nice things.

Walking and dreaming, Sally didn't see a rock. She fell and dropped the vegetables. Her dream felt lost. She was very sad.

Going home, Sally learned to watch where she's going and not just dream.

Mały Marzyciel Ogrodnik

Sally była dziewczynką, która pomagała w ogrodzie swojej rodziny. Często dzielili się swoimi warzywami z ludźmi w mieście.

Jej tata wysłał ją, by dała warzywa Pani Brown. Sally chciała pewnego dnia sprzedawać warzywa, mieć duży ogród i kupować ładne rzeczy.

Idąc i marząc, Sally nie zauważyła kamienia. Upadła i upuściła warzywa. Jej marzenie wydało się stracone. Była bardzo smutna.

Wróciwszy do domu, Sally nauczyła się patrzeć, gdzie idzie, a nie tylko marzyć.

Mały (Little)
Marzyciel (Dreamer)
Ogrodnik (Gardener)
Warzywa (Vegetables)
Mieście (Town)
Kamień (Rock)
Upadła (Fell)
Straccone (Lost)
Smutna (Sad)
Nauczyła się (Learned)

Tiny Bird's Dinner Lesson

Tiny Bird prepared a nice dinner because she invited Raven over. But Raven was taking a long time. Tiny Bird waited and waited, but he didn't come. She was very hungry, so she ate all the dinner by herself. After eating, she got scared because Raven might be mad. So, she hid in the kitchen.

Finally, Raven arrived and looked for his dinner, but there was none left. He was very angry and called out for Tiny Bird. Tiny Bird came out of hiding, afraid of what Raven might do. Raven was upset but he didn't hurt her. Instead, he told her it was wrong to eat everything. Tiny Bird felt bad and said she was sorry. She learned that she should always wait for her guest before eating.

Lekcja Kolacji Małego Ptaka

Mały Ptak przygotował miłą kolację, ponieważ zaprosił Kruka. Ale Kruk się bardzo spóźniał. Mały Ptak czekał i czekał, ale go nie było. Była bardzo głodna, więc zjadła całą kolację sama. Po jedzeniu bała się, że Kruk może być zły. Więc ukryła się w kuchni.

W końcu Kruk przybył i szukał swojej kolacji, ale nic nie zostało. Był bardzo zły i zawołał Małego Ptaka. Mały Ptak wyszedł z ukrycia, bojąc się, co Kruk może zrobić. Kruk był zdenerwowany, ale jej nie krzywdził. Zamiast tego powiedział jej, że źle zrobiła, jedząc wszystko. Mały Ptak poczuł się źle i przeprosił. Nauczyła się, że zawsze powinna czekać na swojego gościa, zanim zje.

Lekcja (Lesson)

Kolacja (Dinner)

Mały (Tiny)

Ptak (Bird)

Zaprosił (Invited)

Spóźniał (Was late)

Głodna (Hungry)

Zjadła (Ate)

Ukryła się (Hid)

Nauczyła się (Learned)

The Story of the Magical Trees

There was a king who had seven queens but no children. He was sad.
One queen had eight children, but the other queens were jealous
and told lies, saying she had animals, not babies. They sent her away
and buried the children. The king didn't know.

Later, eight trees grew in the garden. They were magic. When the
king went near, the trees spoke! They said, "Bring back the queen."
So, he did. The queen picked flowers from the trees, and her
children came back! The bad queens were caught. The king and
queen were happy with their children.

Historia Magicznych Drzew

Był sobie król, który miał siedem królowych, ale nie miał dzieci. Był smutny. Jedna z królowych miała ośmioro dzieci, ale inne królowe były zazdrosne i kłamały, mówiąc, że miała zwierzęta, a nie dzieci. Wysłały ją precz i pogrzebały dzieci. Król o tym nie wiedział.

Później, w ogrodzie wyrosło osiem drzew. Były magiczne. Gdy król zbliżył się, drzewa przemówiły! Powiedziały: "Przywróć królową." Więc to zrobił. Królowa zebrała kwiaty z drzew, a jej dzieci wróciły! Złe królowe zostały złapane. Król i królowa byli szczęśliwi ze swoimi dziećmi.

Król (King)
Królowe (Queens)
Dzieci (Children)
Zazdrosne (Jealous)
Pogrzebały (Buried)
Magiczne (Magical)
Przemówiły (Spoke)
Przywróć (Bring back)
Złapane (Caught)
Szczęśliwi (Happy)

Tough Times

When war came, I was a kid. It was scary; everyone was upset and confused. Mom said we had to leave our house to be safe. She was having a baby and dad wasn't there. Mom took care of me and my sisters. We heard scary things about the border but had to cross it.

At the border, it was wild, and we couldn't find my big sister for a bit. But my aunt found her and we got across. We lived with our relatives in Macedonia while the war was on. After that, we went home.

At eight, mom said we're going to England for a better life. I didn't want to go, but then I liked it. School in England was good and gave me chances to do things.

In school, I met kids from many places. I'm from Albania, but I fit in. This story tells us that change can be good. It's about finding good things after hard times and being hopeful for what's ahead.

Trudne Czasy

Gdy przyszła wojna, byłem dzieckiem. To było straszne; wszyscy byli zdenerwowani i zdezorientowani. Mama powiedziała, że musimy opuścić nasz dom, aby być bezpieczni. Była w ciąży, a taty nie było. Mama dbała o mnie i moje siostry. Słyszeliśmy straszne rzeczy o granicy, ale musieliśmy ją przekroczyć.

Na granicy było dziko, i przez chwilę nie mogliśmy znaleźć mojej starszej siostry. Ale ciocia ją znalazła i udało nam się przejść. Mieszkaliśmy z krewnymi w Macedonii podczas wojny. Po tym wróciliśmy do domu.

W wieku ośmiu lat mama powiedziała, że jedziemy do Anglii, aby mieć lepsze życie. Nie chciałem jechać, ale potem mi się spodobało. Szkoła w Anglii była dobra i dała mi szanse na robienie różnych rzeczy.

W szkole spotkałem dzieci z wielu miejsc. Jestem z Albanii, ale wpasowałem się. Ta historia mówi nam, że zmiana może być dobra. Jest o znajdowaniu dobrych rzeczy po trudnych czasach i o nadziei na to, co przed nami.

Wojna (War)
Dzieckiem (Kid)
Zdenerwowani (Upset)
Bezpieczni (Safe)
Granicy (Border)
Krewnymi (Relatives)
Mieszkaliśmy (We lived)
Lepsze życie (Better life)
Wpasowałem się (I fit in)
Nadziei (Hope)

John and the Little Squirrel

In Turkey, a boy named John lived with his mom. They had little money. John went to the forest to find food.

One day, John found a crying squirrel. They became friends. John shared his worries, and the squirrel said it would help.

The squirrel showed John a place to meet the Grouse Queen, who would ask him three things. The squirrel told John the right answers. John met the queen, answered her questions, and got gold.

Later, John learned the squirrel was a princess under a spell. She needed special water to become human again. John fought a dragon to get the water. He won and saved the princess.

The princess's dad, a sultan, gave John rewards. John and his mom got enough to live well forever.

Jan i Mała Wiewiórka

W Turcji mieszkał chłopiec o imieniu Jan wraz z mamą. Mieli mało pieniędzy. Jan chodził do lasu szukać jedzenia.

Pewnego dnia Jan znalazł płaczącą wiewiórkę. Zaprzyjaźnili się. Jan dzielił się swoimi zmartwieniami, a wiewiórka powiedziała, że pomoże.

Wiewiórka pokazała Janowi miejsce, gdzie mógł spotkać Królową Cietrzewi, która zada mu trzy pytania. Wiewiórka podpowiedziała Janowi odpowiedzi. Jan spotkał królową, odpowiedział na jej pytania dostał złoto.

Później Jan dowiedział się, że wiewiórka była księżniczką pod czarem. Potrzebowała specjalnej wody, aby znów stać się człowiekiem. Jan pokonał smoka, aby zdobyć wodę. Wygrał i uratował księżniczkę.

Ojciec księżniczki, sułtan, nagrodził Jana. Jan i jego mama mieli dostatek na zawsze.

Wiewiórka (Squirrel)
Zmartwienia (Worries)
Cietrzewi (Grouse)
Złoto (Gold)
Księżniczka (Princess)
Czarem (Spell)
Smoka (Dragon)
Wygrał (Won)
Sułtan (Sultan)
Dostatek (Prosperity)

The Story of the Girl with Long Hair

In a town near Mount Du, there was a girl with very long hair who was very kind. People in her town had little water and it was hard to get more.

The girl, called "Long Hair," found a big radish on Mount Du. Pulling it out, water came out. A demon claimed the water and said she must not tell anyone.

"Long Hair" was worried but wanted to help. She told an old man about the water when he needed it. The demon was angry and said she must go into the water to let others use it.

The god of the banyan tree helped her. He made a stone figure that looked like "Long Hair" and put it in the water. The demon was fooled.

"Long Hair" and her town were happy because now they had water.

Historia Dziewczyny o Długich Włosach

W mieście blisko Góry Du mieszkała dziewczyna o bardzo długich włosach, która była bardzo dobra. Ludzie w jej mieście mieli mało wody i trudno było zdobyć więcej.

Dziewczyna, zwana "Długie Włosy", znalazła na Górze Du dużą rzodkiew. Wyrywając ją, wytrysnęła woda. Demon rościł sobie prawa do wody i powiedział, że nie może nikomu powiedzieć.

"Długie Włosy" martwiła się, ale chciała pomóc. Powiedziała o wodzie starszemu mężczyźnie, gdy ten potrzebował wody. Demon był zły i powiedział, że musi wejść do wody, aby inni mogli z niej korzystać.

Bóg drzewa banianu jej pomógł. Stworzył kamienną figurę, która wyglądała jak "Długie Włosy" i umieścił ją w wodzie. Demon został oszukany.

"Długie Włosy" i jej miasto były szczęśliwe, bo teraz mieli wodę.

Długich Włosach (Long Hair)
Dobra (Kind)
Rzodkiew (Radish)
Wytrysnęła (Sprang out)
Demon (Demon)
Martwiła się (Was worried)
Starszy mężczyzna (Old man)
Bóg (God)
Kamienna (Stone)
Oszukany (Fooled)

Painful Experiences

Owl saw Dove with cheese. Fox came, praised Dove, and got the cheese by tricking Dove, who felt silly.

Then Owl saw a grasshopper ask an ant for food. The grasshopper sang all summer and didn't collect food, while the ant worked and saved. The ant said no to the grasshopper, to teach saving for later

Owl thought about how pain teaches us better than words. She wished the forest animals would listen to advice to avoid hard lessons.

Bolesne Doświadczenia

Sowa zobaczyła Gołębia z serem. Lis przyszedł, pochwalił Gołębia i zdobył ser, oszukując Gołębia, który poczuł się głupio.

Następnie Sowa zobaczyła, jak konik polny prosi mrówkę o jedzenie. Konik polny śpiewał całe lato i nie zbierał jedzenia, podczas gdy mrówka pracowała i oszczędzała. Mrówka odmówiła konikowi polnemu, aby nauczyć oszczędzania na później.

Sowa pomyślała o tym, jak ból uczy nas lepiej niż słowa. Chciała, aby leśne zwierzęta słuchały rad, aby uniknąć trudnych lekcji.

Sowa (Owl)
Gołębia (Dove)
Ser (Cheese)
Oszukując (Tricking)
Głupio (Silly)
Konik polny (Grasshopper)
Mrówka (Ant)
Oszczędzała (Saved)
Bolesne (Painful)
Doświadczenia (Experiences)

The Mermaid

Once, a mermaid princess named Lila lived under the sea. Her home sparkled with special stones.

Lila liked to explore. Her father, the sea king, warned her not to go near land. But Lila couldn't resist the sun and went up.

She met a fisherman and they loved each other. When her father made a storm to stop them, Lila saved the fisherman.

Angry, her father turned her into foam and broke her home.

Now seafoam and shiny stones on beaches remind us of Lila.

Syrenka

Kiedyś pod morzem żyła księżniczka syrenka o imieniu Lila. Jej dom błyszczał specjalnymi kamieniami.

Lila lubiła eksplorować. Jej ojciec, król morza, ostrzegał ją, aby nie zbliżała się do lądu. Ale Lila nie mogła oprzeć się słońcu i wynurzyła się.

Poznała rybaka i pokochali się. Gdy jej ojciec wywołał burzę, by ich zatrzymać, Lila uratowała rybaka.

Zły, jej ojciec zamienił ją w pianę i zniszczył jej dom.

Teraz morska piana i błyszczące kamienie na plażach przypominają nam o Lilii.

Syrenka (Mermaid)
Księżniczka (Princess)
Błyszczał (Sparkled)
Eksplorować (Explore)
Król morza (Sea king)
Rybak (Fisherman)
Burzę (Storm)
Uratowała (Saved)
Piana (Foam)
Przypominają (Remind)

The Woman that Wants Three Men

In old Spain, a merchant's clever daughter had to choose from three suitors. She wanted to marry all three, which puzzled her father.

He told the suitors to find rare items, thinking these would help her choose.

The first suitor brought back a mirror showing distant people. The second brought back oil that could revive the dead. The third brought back a swift boat.

One day, the mirror showed the daughter lifeless. They combined their items: used the oil to revive her and the boat to return quickly.

Seeing her alive, the daughter said, "That's why I'll marry all three."

Kobieta, która chciała trzech mężczyzn

W dawnej Hiszpanii, sprytna córka kupca musiała wybrać spośród trzech zalotników. Chciała poślubić wszystkich trzech, co zaintrygowało jej ojca.

Zlecił zalotnikom znalezienie rzadkich przedmiotów, myśląc, że to pomoże jej dokonać wyboru.

Pierwszy zalotnik przyniósł lusterko, które pokazywało ludzi z daleka. Drugi przyniósł olej, który mógł wskrzesić zmarłych. Trzeci przyniósł szybką łódź.

Pewnego dnia, lusterko pokazało córkę jako bezżyciową. Połączyli swoje przedmioty: użyli oleju, aby ją wskrzesić, i łodzi, by szybko wrócić.

Widząc ją żywą, córka powiedziała: "Dlatego poślubię wszystkich trzech."

Kobieta (Woman)
Zalotnicy (Suitors)
Lusterko (Mirror)
Olej (Oil)
Łódź (Boat)
Wskrzesić (Revive)
Bezżyciowa (Lifeless)
Przedmioty (Items)
Szybko (Quickly)
Poślubię (I'll marry)

The Dreaming Girl

There was a girl whose parents wanted her to get married. She liked to dream and even named her future kids Mulak, Jahaan, Dhesh, and Lutdi.

One day, while thinking of them, she shouted their names from the roof. The townspeople thought she was in trouble because in Punjabi, it sounded like she was being attacked.

At the same time, thieves were trying to get into her home. But when they saw the people running to help the girl, they ran away. A smart man told everyone how the girl's dreams scared off the thieves. The people learned that dreaming can sometimes be helpful.

The girl got married, had kids, and taught them that dreams can do wonders.

Marzycielka

Była sobie dziewczyna, której rodzice chcieli, aby wyszła za mąż.
Lubiła marzyć, a nawet nadała imiona swoim przyszłym dzieciom:
Mulak, Jahaan, Dhesh i Lutdi.

Pewnego dnia, myśląc o nich, krzyknęła ich imiona z dachu.
Mieszkańcy miasteczka pomyśleli, że jest w niebezpieczeństwie,
ponieważ w języku pendżabskim brzmiało to, jakby była atakowana.

W tym samym czasie złodzieje próbowali dostać się do jej domu. Ale
gdy zobaczyli ludzi biegnących, by pomóc dziewczynie, uciekli.
Mądry człowiek wyjaśnił wszystkim, jak marzenia dziewczyny
odstraszyły złodziei. Ludzie zrozumieli, że marzenia czasami mogą
być pomocne.

Dziewczyna wyszła za mąż, miała dzieci i nauczyła je, że marzenia
mogą czynić cuda.

Marzycielka (Dreaming Girl)
Rodzice (Parents)
Marzyć (To dream)
Imiona (Names)
Krzyknęła (She shouted)
Niebezpieczeństwo (Danger)
Złodzieje (Thieves)
Uciekli (They ran away)
Odstraszyły (Scared off)
Cuda (Wonders)

The Two Brothers and the Magical Bird

There were once two brothers. The older one was not kind and wanted everything for himself, while the younger one was nice to everyone. After their father passed away, the older brother kept all the family's wealth, and the younger got only a basket and an axe.

The kind brother once helped a magical bird. In return, the bird took him to a special island where he got gold. He used this gold to buy a farm and was very happy there.

Seeing this, the older brother got jealous and wanted to get gold too. He forced the younger brother to tell him how he got it. The older brother found the bird and went to the island, but he was too greedy and got stuck there because the bird left.

The kind brother then got all the land and helped everyone with his good fortune.

Dwaj bracia i magiczny ptak

Byli sobie dwaj bracia. Starszy był nieżyczliwy i chciał wszystko dla siebie, podczas gdy młodszy był miły dla wszystkich. Po śmierci ojca, starszy brat zatrzymał cały rodzinny majątek, a młodszy dostał tylko kosz i siekierę.

Dobry brat pewnego razu pomógł magicznemu ptakowi. W zamian ptak zabrał go na specjalną wyspę, gdzie zdobył złoto. Użył tego złota, by kupić farmę i był tam bardzo szczęśliwy.

Widząc to, starszy brat stał się zazdrosny i chciał też zdobyć złoto. Zmusił młodszego brata, by powiedział mu, jak to zrobił. Starszy brat znalazł ptaka i udał się na wyspę, ale był zbyt chciwy i utknął tam, ponieważ ptak odleciał.

Wtedy dobry brat otrzymał całą ziemię i pomagał wszystkim swoim dobrym szczęściem.

Bracia (Brothers)
Nieżyczliwy (Unkind)
Majątek (Wealth)
Kosz (Basket)
Siekiera (Axe)
Magiczny (Magical)
Złoto (Gold)
Farmę (Farm)
Zazdrosny (Jealous)
Chciwy (Greedy)

The Tale of the Giant Trees

Long ago, there were huge trees in a thick forest that cleaned the air. A man named Adao and his friends cut down trees to sell. They planned to cut only one tree every month and plant two new ones. But soon, Adao's friends wanted more money and started cutting down too many trees. Adao felt sad because the forest was hurting, but his friends didn't listen to him.

One night, a voice in the forest said that those who hurt the trees would face trouble. The next morning, a big storm ruined their house and hurt one of the friends. The friends were afraid and left the forest, but Adao stayed. He planted many trees. After the storm, he found his house fixed and warm food inside. He promised to always plant trees and only cut one tree a month.

Adao lived a very long life, and when he passed away, his spirit became part of the Giant Trees to look after the forest. The forest grew big and healthy again. A boy named João heard about Adao and kept planting trees like him. Everyone remembered Adao and the Giant Trees as a lesson to take care of nature.

Opowieść o olbrzymich drzewach

Dawno temu w gęstym lesie rosły ogromne drzewa, które oczyszczały powietrze. Pewien człowiek imieniem Adao i jego przyjaciele ścinali drzewa na sprzedaż. Planowali ścinać tylko jedno drzewo każdego miesiąca i sadzić dwa nowe. Ale wkrótce przyjaciele Adaos chcieli więcej pieniędzy i zaczęli ścinać zbyt wiele drzew. Adao czuł smutek, ponieważ las cierpiał, ale jego przyjaciele go nie słuchali.

Pewnej nocy głos w lesie powiedział, że ci, którzy krzywdzą drzewa, spotkają się z kłopotami. Następnego ranka wielka burza zrujnowała ich dom i zraniła jednego z przyjaciół. Przyjaciele bali się i opuścili las, ale Adao został. Zasadził wiele drzew. Po burzy znalazł swój dom naprawiony i ciepłe jedzenie w środku. Obiecał zawsze sadzić drzewa i ścinać tylko jedno drzewo na miesiąc.

Adao żył bardzo długo, a gdy zmarł, jego duch stał się częścią Olbrzymich Drzew, by opiekować się lasem. Las znów stał się duży i zdrowy. Chłopiec imieniem João usłyszał o Adaosie i kontynuował sadzenie drzew jak on. Wszyscy pamiętali o Adaosie i Olbrzymich Drzewach jako lekcji dbania o naturę.

Olbrzymie (Giant)
Drzewa (Trees)
Oczyszczały (Cleaned)
Ścinali (Cut down)
Smutek (Sadness)
Burza (Storm)
Zasadził (Planted)
Obiecał (Promised)
Długie (Long)
Lekcji (Lesson)

The Bear and the Rabbit

There was once a bear who always talked about how strong and brave he was. He liked to say, "I am the strongest and the bravest animal in the forest!" But secretly, he was afraid of mice and didn't want anyone to know.

A quiet rabbit lived near the bear. He never bragged because he didn't think he was particularly strong or smart. The bear often laughed at the rabbit for being shy. But the rabbit knew he had friends and that he was fair to everyone.

One day, the rabbit heard the bear shouting for help. He saw the bear stuck on a tree branch, terrified because there were mice underneath. The rabbit calmly got rid of the mice, and the bear got down from the tree.

"Why are you afraid of mice?" the rabbit asked.

"They're slimy and dirty," the bear answered.

"That's not true," said the rabbit. "You shouldn't decide that without getting to know them."

The bear confessed he had never actually talked to the mice and understood he was mistaken. "You might actually be the bravest and strongest one in the forest," the bear told the rabbit.

The rabbit said thank you but knew that strength wasn't all about size. They both laughed, and from that day on, the bear stopped making judgments based on how others looked. The bear and the rabbit became close friends.

Niedźwiedź i Królik

Był sobie kiedyś niedźwiedź, który zawsze mówił o tym, jak jest silny i odważny. Lubił mówić: „Jestem najsilniejszym i najodważniejszym zwierzęciem w lesie!" Ale w sekrecie bał się myszy i nie chciał, by ktokolwiek się dowiedział.

Niedaleko niedźwiedzia mieszkał cichy królik. Nigdy się nie przechwalał, bo nie uważał się za szczególnie silnego czy mądrego. Niedźwiedź często śmiał się z królika za to, że jest nieśmiały. Ale królik wiedział, że ma przyjaciół i że jest sprawiedliwy wobec wszystkich.

Pewnego dnia królik usłyszał, jak niedźwiedź woła o pomoc. Zobaczył niedźwiedzia utknionego na gałęzi drzewa, przerażonego, ponieważ pod nią były myszy. Królik spokojnie pozbył się myszy, a niedźwiedź zszedł z drzewa.

„Dlaczego boisz się myszy?" zapytał królik.

„Są śliskie i brudne," odpowiedział niedźwiedź.

„To nieprawda," powiedział królik. „Nie powinieneś tak sądzić, nie poznawszy ich."

Niedźwiedź przyznał, że nigdy tak naprawdę nie rozmawiał z myszami i zrozumiał, że się mylił. „Może ty właściwie jesteś najsilniejszy i najodważniejszy w lesie," powiedział niedźwiedź królikowi.

Królik podziękował, ale wiedział, że siła to nie tylko kwestia wielkości. Obydwaj się roześmiali i od tego dnia niedźwiedź przestał oceniać innych na podstawie wyglądu. Niedźwiedź i królik stali się bliskimi przyjaciółmi.

Niedźwiedź (Bear)
Królik (Rabbit)
Silny (Strong)
Odważny (Brave)
Myszy (Mice)
Gałąź (Branch)
Przerażony (Terrified)
Śliskie (Slimy)
Sprawiedliwy (Fair)
Przyjaciele (Friends)

The Rainbow Snake

A long time ago, some hunters were resting after a long day. While sitting by a fire, they saw a bright, colorful curve in the sky – a rainbow. They thought it was a big snake moving from one waterhole to another. They were scared but happy it wasn't near their camp.

A young hunter asked the older ones why they feared the rainbow. They said it was a powerful creature from the Dreamtime that shaped the land. As it traveled, it made hills, valleys, and rivers. After shaping the land, the snake would rest in the water, out of sight.

The people and animals knew the snake was in the water and were careful not to disturb it. The snake only showed itself after heavy rain when the sun would shine on its colored body, as it moved to another waterhole.

The hunters were careful not to upset the snake to avoid changes in the land. That's why people today are still respectful of the rainbow, as it might be the snake moving across the sky.

Wężowa Tęcza

Dawno temu, pewni myśliwi odpoczywali po długim dniu. Siedząc przy ognisku, zobaczyli jasną, kolorową krzywiznę na niebie - tęczę. Myśleli, że to wielki wąż przemieszczający się z jednej wodopoju do drugiego. Bali się, ale cieszyli, że nie jest blisko ich obozu.

Młody myśliwy zapytał starszych, dlaczego boją się tęczy. Powiedzieli, że to potężna istota z Czasu Snów, która kształtowała ziemię. Podróżując, tworzyła wzgórza, doliny i rzeki. Po kształtowaniu ziemi, wąż odpoczywał w wodzie, poza zasięgiem wzroku.

Ludzie i zwierzęta wiedzieli, że wąż jest w wodzie i starali się go nie niepokoić. Wąż pokazywał się tylko po obfitym deszczu, kiedy słońce świeciło na jego kolorowe ciało, gdy przemieszczał się do innego wodopoju.

Myśliwi starali się nie złościć węża, by uniknąć zmian w krajobrazie. Dlatego ludzie dzisiaj nadal szanują tęczę, jako że może to być wąż przemieszczający się po niebie.

Wąż (Snake)
Tęcza (Rainbow)
Myśliwi (Hunters)
Ognisko (Fire)
Wodopoju (Waterhole)
Potężna (Powerful)
Czas Snów (Dreamtime)
Wzgórza (Hills)
Doliny (Valleys)
Rzeki (Rivers)

The Injured Lion

There was a girl who took care of cows but found a lion hurt by a thorn. She was scared but helped the lion. After that, the cows were missing, and she had to look after sheep. The next year, the same lion was hurt again, and after helping, the sheep were gone. She then had to care for pigs.

Once more, she found the lion hurt. This time, when the pigs vanished, she followed a clue and discovered a young man who turned into a lion because of a curse. A wizard caused all her trouble. She faced the wizard, who asked for a coat made from a princess's hair to break the curse. She managed to do this by helping the princess find a prince. The curse was lifted, the young man became human, and married the princess. The girl's courage led her to more adventures.

Ranny Lew

Była sobie dziewczyna, która opiekowała się krowami, ale znalazła lwa ranionego przez cierń. Bała się, ale pomogła lwu. Potem zniknęły krowy, i musiała opiekować się owcami. W następnym roku, ten sam lew znowu był ranny, i po pomocy, zniknęły owce. Potem musiała opiekować się świniami.

Ponownie znalazła rannego lwa. Tym razem, gdy świnie zniknęły, podążyła za wskazówką i odkryła młodego człowieka, który zamieniał się w lwa z powodu klątwy. Czarodziej spowodował wszystkie jej kłopoty. Stanęła w obliczu czarodzieja, który zażądał płaszcza zrobionego z włosów księżniczki, aby przerwać klątwę. Udało jej się to zrobić, pomagając księżniczce znaleźć księcia. Klątwa została zliftowana, młodzieniec stał się człowiekiem i ożenił się z księżniczką. Odwaga dziewczyny doprowadziła ją do kolejnych przygód.

Ranny (Injured)
Lew (Lion)
Cierń (Thorn)
Klątwa (Curse)
Czarodziej (Wizard)
Płaszcz (Coat)
Księżniczka (Princess)
Książę (Prince)
Odwaga (Courage)
Przygody (Adventures)

Two Brothers and the Magic Seed

In Korea, two brothers lived with their father. The younger was nice, the older mean. Their father told them they'd reap what they sow. When the father died, the older brother took all the land, and the younger got poor land. His rice failed, and his brother wouldn't help. He saved a swallow and got a seed that grew into gold-filled melons.

He became rich. The older brother got jealous and found a hurt swallow. He helped it, but it gave him a seed that grew into trouble-causing melons. He lost everything and had to ask his younger brother for help. The younger brother agreed, and they shared the work and wealth, learning that you get back what you put into the world.

Dwaj Bracia i Magiczne Ziarno

W Korei żyli dwaj bracia z ojcem. Młodszy był miły, starszy złośliwy. Ich ojciec mówił im, że żniwa będą takie, jakie zasieją. Gdy ojciec zmarł, starszy brat zajął całą ziemię, a młodszy dostał biedną ziemię. Jego ryż nie udał się, a brat nie chciał mu pomóc. Uratował jaskółkę i dostał ziarno, które wyrosło na melony pełne złota.

Stał się bogaty. Starszy brat stał się zazdrosny i znalazł ranioną jaskółkę. Pomógł jej, ale dała mu ziarno, które wyrosło na melony sprawiające kłopoty. Stracił wszystko i musiał prosić młodszego brata o pomoc. Młodszy brat zgodził się, i podzielili pracę i bogactwo, ucząc się, że dostaje się to, co się włożyło w świat.

Bracia (Brothers)

Magiczne (Magic)

Ziarno (Seed)

Złośliwy (Mean)

Żniwa (Harvest)

Biedna ziemia (Poor land)

Jaskółka (Swallow)

Melony (Melons)

Zazdrosny (Jealous)

Bogactwo (Wealth)

The Wind and the Sun

Once, the Wind and the Sun argued about who was stronger. The Wind believed his powerful gusts could force people to do anything, even remove their clothes. The Sun disagreed, suggesting gentleness could be more effective. They decided to have a challenge: they would see who could make a traveler take off his coat.

The Wind blew fiercely, thinking force would win. But the harder he blew, the tighter the traveler wrapped his coat around himself, trying to stay warm against the Wind's bluster. Exhausted and unsuccessful, the Wind gave up.

Then, it was the Sun's turn. Instead of force, the Sun shone with warm, gentle rays. As the Sun's warmth spread over the land, the traveler felt comfortable and soon removed his coat to enjoy the pleasant weather. The Sun had won the challenge without any struggle.

Seeing this, the Wind realized that the Sun's warmth and kindness had succeeded where his strength and force had failed. The Sun taught everyone a valuable lesson: kindness and gentle persuasion can achieve more than brute force. The Wind learned to be gentler, and from then on, he and the Sun worked together to balance the weather.

Wiatr i Słońce

Pewnego razu Wiatr i Słońce sprzeczali się, kto jest silniejszy. Wiatr wierzył, że jego potężne podmuchy mogą zmusić ludzi do zrobienia czegokolwiek, nawet do zdjęcia ubrań. Słońce się nie zgadzało, sugerując, że delikatność może być bardziej skuteczna. Zdecydowali się na wyzwanie: zobaczyć, kto sprawi, że podróżnik zdejmie swój płaszcz.

Wiatr wiał zaciekle, myśląc, że siła zwycięży. Ale im mocniej wiał, tym mocniej podróżnik oplatał się płaszczem, starając się ogrzać przed bluźnierstwem Wiatru. Wyczerpany i bez sukcesów, Wiatr się poddał.

Następnie nadeszła kolej Słońca. Zamiast siły, Słońce świeciło ciepłymi, delikatnymi promieniami. Gdy ciepło Słońca rozprzestrzeniło się po ziemi, podróżnik poczuł się komfortowo i wkrótce zdjął płaszcz, aby cieszyć się przyjemną pogodą. Słońce wygrało wyzwanie bez żadnej walki.

Widząc to, Wiatr zdał sobie sprawę, że ciepło i życzliwość Słońca odniosły sukces, tam gdzie jego siła i przemoc zawiodły. Słońce nauczyło wszystkich cenną lekcję: życzliwość i łagodne przekonywanie mogą osiągnąć więcej niż brutalna siła. Wiatr nauczył się być łagodniejszym i od tego czasu on i Słońce współpracowali, aby zrównoważyć pogodę.

Wiatr (Wind)
Słońce (Sun)
Podmuchy (Gusts)
Płaszcz (Coat)
Delikatne promienie (Gentle rays)
Komfortowo (Comfortable)
Ciepło (Warmth)
Życzliwość (Kindness)
Przemoc (Force)
Pogoda (Weather)

The Turtle and the Bunny

There was a fast bunny, Tim, and a slow turtle, George. Tim always said he was the quickest. "I can beat everyone!" he boasted. George warned him not to brag so much.

Tim wanted a race to show how fast he was. George said okay. They asked Oliver, the old owl, to set up the race.

The next day, all the animals came to see the race. "Go!" Oliver hooted. Tim ran ahead fast and soon was far in front. He thought, "I'm so quick, I'll take a short nap." George kept moving slow and steady.

While Tim slept, George passed him and finished the race first. All the animals cheered for George. Tim woke up, ran to the end, and saw George with a medal. "You cheated!" Tim said. But Oliver explained George won fair and square because he never stopped.

Tim was sorry for accusing George. George said, "It's okay, Tim. We're still friends." After that, Tim stopped boasting, and they stayed good friends.

Żółw i Królik

Był sobie szybki królik, Tim, i wolny żółw, George. Tim zawsze mówił, że jest najszybszy. "Pokonam każdego!" przechwalał się. George ostrzegał go, żeby nie przechwalał się tak bardzo.

Tim chciał wyścigu, żeby pokazać, jak jest szybki. George się zgodził. Poprosili Olivera, starego sowa, żeby zorganizował wyścig.

Następnego dnia wszystkie zwierzęta przyszły zobaczyć wyścig. "Start!" zawołał Oliver. Tim szybko pobiegł do przodu i wkrótce był daleko z przodu. Pomyślał: "Jestem tak szybki, że zrobię krótką drzemkę." George poruszał się wolno, ale równo.

Podczas gdy Tim spał, George go minął i jako pierwszy skończył wyścig. Wszystkie zwierzęta wiwatowały na cześć George'a. Tim obudził się, pobiegł do mety i zobaczył George'a z medalem. "Oszukałeś!" powiedział Tim. Ale Oliver wyjaśnił, że George wygrał uczciwie, bo nigdy nie przestał.

Tim przepraszał za oskarżenie George'a. George powiedział: "W porządku, Tim. Nadal jesteśmy przyjaciółmi." Od tego czasu Tim przestał się przechwalać, a oni pozostali dobrymi przyjaciółmi.

Żółw (Turtle)
Królik (Bunny)
Przechwalać się (To boast)
Wyścig (Race)
Sowa (Owl)
Drzemka (Nap)
Wiwatować (To cheer)
Medal (Medal)
Oszukać (To cheat)
Przyjaźń (Friendship)

The Three Little Pigs

Once, there were three pigs. Their mom said, "Go make your homes." The first pig made a house of straw. The second pig built a house with sticks. The third pig used bricks to make a very strong house.

The straw and stick houses were easy and fast to make. The brick house took longer. A wolf came and blew down the straw house. The first pig ran to the stick house. Then, the wolf blew that down too. Both pigs ran to the brick house.

The wolf tried but couldn't blow down the brick house. He tried to get in through the chimney, but the third pig had a pot of boiling water ready. The wolf fell into it and ran off, hurt. The three pigs were safe in the brick house and were very happy.

Trzy Małe Świnki

Pewnego razu były trzy świnki. Ich mama powiedziała: "Idźcie i zbudujcie swoje domy". Pierwsza świnka zbudowała dom ze słomy. Druga świnka zbudowała dom z patyków. Trzecia świnka użyła cegieł, aby zbudować bardzo mocny dom.

Domy ze słomy i patyków były łatwe i szybkie do zbudowania. Dom z cegieł wymagał więcej czasu. Przyszedł wilk i zdmuchnął dom ze słomy. Pierwsza świnka pobiegła do domu z patyków. Potem wilk zdmuchnął także ten dom. Obie świnki pobiegły do domu z cegieł.

Wilk próbował, ale nie mógł zdmuchnąć domu z cegieł. Próbował dostać się przez komin, ale trzecia świnka miała przygotowany garnek z wrzącą wodą. Wilk wpadł do niego i uciekł, zraniony. Trzy świnki były bezpieczne w domu z cegieł i były bardzo szczęśliwe.

Świnki (Pigs)
Słoma (Straw)
Patyki (Sticks)
Cegły (Bricks)
Wilk (Wolf)
Zdmuchnąć (To blow down)
Komin (Chimney)
Garnek (Pot)
Wrząca woda (Boiling water)
Bezpieczne (Safe)

The Three Fish

Three fish lived in a pond. One day, people saw the fish and wanted to catch them the next day. The oldest fish heard and was worried. He told the other fish they should leave. The oldest fish left with his family right away.

The second fish saw the people the next day and left fast with his family. But the youngest fish stayed, believing he was lucky.

The people came and caught all the fish, including the youngest fish. His luck did not help him. This story teaches us to move fast if there is danger coming.

Trzy Ryby

Trzy ryby żyły w stawie. Pewnego dnia ludzie zobaczyli ryby i chcieli je złapać następnego dnia. Najstarsza ryba usłyszała i zaniepokoiła się. Powiedziała innym rybom, że powinny odejść. Najstarsza ryba od razu wyjechała ze swoją rodziną.

Druga ryba zobaczyła ludzi następnego dnia i szybko wyjechała ze swoją rodziną. Ale najmłodsza ryba została, wierząc, że ma szczęście.

Ludzie przyszli i złapali wszystkie ryby, w tym najmłodszą rybę. Jego szczęście mu nie pomogło. Ta historia uczy nas, aby szybko działać, gdy nadchodzi niebezpieczeństwo.

Ryby (Fish)
Staw (Pond)
Zaniepokoiła się (Was worried)
Odejść (To leave)
Ludzie (People)
Złapać (To catch)
Szczęście (Luck)
Niebezpieczeństwo (Danger)
Rodzina (Family)
Działać (To act)

Three Colorful Friends

There were three butterflies who were the best of friends: one red, one yellow, and one white. They loved to fly and play in the sunshine all day.

But one day, dark clouds rolled in, and rain was on its way. The butterflies needed to find a safe spot to hide until the storm passed.

They came across a white flower and asked if they could take shelter under its petals. The flower said, "Only the white butterfly can stay here because she looks like me."

So, they flew to a yellow flower and asked again. This time, the flower said, "The red and yellow butterflies can stay, but the white one can't."

The butterflies didn't want to be apart. They said, "We stick together no matter what."

Suddenly, the sun saw how loyal the friends were and pushed the clouds away. The butterflies didn't need shelter anymore. They could play in the sunshine again.

Trzy Kolorowe Przyjaciółki

Były sobie trzy motyle, które były najlepszymi przyjaciółkami: jeden czerwony, jeden żółty i jeden biały. Uwielbiały latać i bawić się na słońcu przez cały dzień.

Ale pewnego dnia nadciągnęły ciemne chmury, a deszcz był w drodze. Motyle musiały znaleźć bezpieczne miejsce, aby schować się, aż burza minie.

Natknęły się na biały kwiat i zapytały, czy mogą schronić się pod jego płatkami. Kwiat odpowiedział: „Tylko biały motyl może tu zostać, ponieważ wygląda jak ja."

Więc poleciały do żółtego kwiatu i zapytały ponownie. Tym razem kwiat powiedział: „Czerwony i żółty motyl mogą zostać, ale biały nie."

Motyle nie chciały być rozdzielone. Powiedziały: „Trzymamy się razem, bez względu na wszystko."

Nagle słońce zobaczyło, jak lojalne są przyjaciółki, i odepchnęło chmury. Motyle już nie potrzebowały schronienia. Mogły znowu bawić się na słońcu.

Motyle (Butterflies)
Ciemne chmury (Dark clouds)
Deszcz (Rain)
Bezpieczne miejsce (Safe spot)
Płatki (Petals)
Słońce (Sun)
Lojalne (Loyal)
Schronienie (Shelter)
Razem (Together)
Bawić się (To play)
Translation of "T

The Clever Fox and Her Tricks

There once was a fox that was very smart and a bit tricky. She was always looking for ways to get food without working too hard.

One day, the fox found a man with a cart full of fish. She had an idea. She lay in the road and didn't move, pretending to be dead.

The man thought the fox was dead and put her in the cart with the fish. When the man wasn't looking, the fox threw the fish off the cart and later ate them.

Then, a bear came by and wanted some fish. The fox played another trick. She told the bear to put his tail in the water to catch fish. But the water froze, and the bear's tail got stuck.

The bear was very mad and tried to catch the fox. But the fox ran to a tree with a big hole and hid inside. She called out to the bear, but he couldn't do anything.

The fox was very pleased with herself because she tricked the man and the bear.

Sprytna Lisica i Jej Sztuczki

Była sobie lisica, która była bardzo mądra i trochę przebiegła. Zawsze szukała sposobów, aby zdobyć jedzenie bez zbytniego wysiłku.

Pewnego dnia lisica znalazła człowieka z wozem pełnym ryb. Wpadła na pomysł. Położyła się na drodze i nie ruszała się, udając martwą.

Człowiek pomyślał, że lisica jest martwa i włożył ją do wozu z rybami. Gdy człowiek nie patrzył, lisica wyrzucała ryby z wozu i później je zjadła.

Potem przyszedł niedźwiedź i chciał trochę ryb. Lisica zagrała kolejny fortel. Powiedziała niedźwiedziowi, aby wsadził ogon do wody, aby złapać ryby. Ale woda zamarzła, a ogon niedźwiedzia utknął.

Niedźwiedź był bardzo zły i próbował złapać lisicę. Ale lisica pobiegła do drzewa z dużą dziurą i schowała się w środku. Wołała do niedźwiedzia, ale on nic nie mógł zrobić.

Lisica była bardzo zadowolona z siebie, ponieważ oszukała człowieka i niedźwiedzia.

Lisica (Fox)
Mądra (Smart)
Wóz (Cart)
Ryby (Fish)
Udać (To pretend)
Niedźwiedź (Bear)
Fortel (Trick)
Zamarzła (Froze)
Zadowolona (Pleased)
Oszukała (Tricked)

The Magical Bird

In a special garden named Dreamland, there were two friends, Jack and Lily. They had a good life with many lovely things, like animals and plants. There was just one rule: Don't eat fruit from the Tree of Secrets.

Jack and Lily were happy for a long time. They didn't touch the tree. But one day, Lily ate a fruit from the tree and they saw sad and bad things. They had to leave Dreamland.

A beautiful bird with colorful feathers and a sweet song was born near the tree. When Jack and Lily had to go, a guardian with a strong sword helped them leave. A spark from the sword fell on the bird's home, and even though the home burned, a new bird came from an egg.

This bird is the Magical Bird. It helps people feel happy and see beauty around them. Every year, it becomes new again, even more beautiful.

The Magical Bird goes to children, bringing happiness and hope. It teaches us to get up and be happy, even when things are hard.

Magiczny Ptak

W specjalnym ogrodzie o nazwie Krainie Snów byli dwaj przyjaciele, Jack i Lily. Mieli dobre życie z wieloma cudownymi rzeczami, takimi jak zwierzęta i rośliny. Obowiązywała tylko jedna zasada: Nie jedz owoców z Drzewa Tajemnic.

Jack i Lily byli szczęśliwi przez długi czas. Nie dotykali drzewa. Ale pewnego dnia Lily zjadła owoc z drzewa i zobaczyli smutne i złe rzeczy. Musieli opuścić Krainę Snów.

Piękny ptak o kolorowych piórach i słodkim śpiewie urodził się w pobliżu drzewa. Gdy Jack i Lily musieli odejść, strażnik z mocnym mieczem pomógł im wyjść. Iskra z miecza spadła na dom ptaka, i chociaż dom spłonął, z jaja wykluł się nowy ptak.

Ten ptak to Magiczny Ptak. Pomaga ludziom czuć się szczęśliwymi i dostrzegać piękno dookoła nich. Co roku odnawia się, stając się jeszcze piękniejszy.

Magiczny Ptak odwiedza dzieci, przynosząc szczęście i nadzieję. Uczy nas, by podnieść się i być szczęśliwym, nawet gdy jest trudno.

Ogrodzie (Garden)
Przyjaciele (Friends)
Tajemnic (Secrets)
Piórach (Feathers)
Strażnik (Guardian)
Iskra (Spark)
Szczęśliwymi (Happy)
Piękno (Beauty)
Odnawia się (Renews)
Nadzieję (Hope)

The Little Girl and the Mouse

There was a girl named Anna from Poland who wasn't scared of animals. But she was scared of mice because her big brother was. They liked to learn about animals and play outside.

One day at her grandparents' house in the country, Anna saw a mouse and yelled. Her grandma asked her why she was scared. Anna said her brother was scared, so she was too. Her grandma told her a story from when she was young and how mice helped her during hard times. Anna listened and started to feel differently about mice.

She watched the mouse and decided it was not scary. She wanted to tell her brother that mice are okay and not to be scared. They could learn from mice too.

Mała Dziewczynka i Mysz

Była sobie dziewczynka o imieniu Anna z Polski, która nie bała się zwierząt. Ale bała się myszy, ponieważ bał się jej starszy brat. Lubiła uczyć się o zwierzętach i bawić się na zewnątrz.

Pewnego dnia, będąc u dziadków na wsi, Anna zobaczyła mysz i krzyknęła. Jej babcia zapytała, dlaczego się boi. Anna odpowiedziała, że jej brat się boi, więc ona też. Babcia opowiedziała jej historię z czasów, gdy była młoda i jak myszy pomogły jej w trudnych czasach. Anna słuchała i zaczęła inaczej patrzeć na myszy.

Przyglądała się myszy i zdecydowała, że nie jest straszna. Chciała powiedzieć bratu, że myszy są w porządku i nie ma się czego bać. Mogli się także uczyć od myszy.

Dziewczynka (Girl)
Mysz (Mouse)
Zwierząt (Animals)
Krzyknęła (Yelled)
Babcia (Grandma)
Bała się (Was scared)
Historię (Story)
Trudnych (Hard)
Przyglądała się (Watched)
Uczyć (Learn)

The Secret of the Farm

There was a farmer in Pakistan with four sons who were not hard workers. The farmer was getting old and was worried about them. He told his sons about a treasure hidden on their farm, hoping it would make them rich.

When the farmer was very sick, he told them to look for the treasure and share it. After he died, the sons searched everywhere but found nothing. While searching, they worked the land and grew crops. They sold the crops and earned money.

They shared the money as their father wanted. They realized the farm was the real treasure. They learned to work hard and became successful. Their father's plan made them better people.

Tajemnica Farmy

W Pakistanie był rolnik, który miał czterech synów, nie byli oni jednak pracowici. Rolnik starzał się i martwił o nich. Powiedział swoim synom o skarbie ukrytym na ich farmie, mając nadzieję, że uczyni to ich bogatymi.

Gdy rolnik był bardzo chory, kazał im szukać skarbu i się nim dzielić. Po jego śmierci, synowie szukali wszędzie, ale nic nie znaleźli. Podczas poszukiwań, uprawiali ziemię i hodowali plony. Sprzedali plony i zarobili pieniądze.

Podzielili się pieniędzmi, jak chciał ich ojciec. Zrozumieli, że prawdziwym skarbem była farma. Nauczyli się ciężko pracować i odnieśli sukces. Plan ich ojca uczynił ich lepszymi ludźmi.

Rolnik (Farmer)
Synów (Sons)
Skarbie (Treasure)
Chory (Sick)
Szukali (Searched)
Uprawiali (Cultivated)
Plony (Crops)
Zarobili (Earned)
Pieniędzmi (Money)
Sukces (Success)

The Magical Mirror

Once there was a king searching for a true-hearted queen. A clever barber gave him a mirror that could reveal a person's nature. If someone was bad, the mirror would show ugly spots. News spread, yet no one dared to test the mirror, fearing their secrets would be revealed.

The king grew disheartened, doubting if there was any good person left. Then, a young shepherd girl stepped forward. She wasn't scared of what the mirror might show because she believed in her good heart. To everyone's surprise, her reflection was spotless. The king admitted the mirror was a normal one. He chose the girl as his queen for her courage and truthfulness.

Magiczne Lustro

Pewnego razu był król, który szukał królowej o prawdziwie dobrym sercu. Sprytny fryzjer dał mu lustro, które mogło ujawnić naturę człowieka. Jeśli ktoś był zły, lustro pokazywało brzydkie plamy. Wiadomość rozeszła się, ale nikt nie odważył się przetestować lustra, obawiając się ujawnienia swoich sekretów.

Król stał się zniechęcony, wątpiąc, czy istnieje jeszcze jakaś dobra osoba. Wtedy do przodu wyszła młoda pasterka. Nie bała się tego, co lustro może pokazać, bo wierzyła w swoje dobre serce. Ku zaskoczeniu wszystkich, jej odbicie było nieskazitelne. Król przyznał, że lustro było zwykłe. Wybrał dziewczynę na swoją królową za jej odwagę i uczciwość.

Król (King)
Królowej (Queen)
Fryzjer (Barber)
Lustro (Mirror)
Naturę (Nature)
Plamy (Spots)
Sekretów (Secrets)
Zniechęcony (Disheartened)
Pasterka (Shepherd girl)
Nieskazitelne (Spotless)

The Forest Party

Dora, a little monkey, woke up early for a party in the forest. Many monkeys were coming to have fun. Her friend Tinga, another monkey, helped her plan it.

Dora had to pick fruits and nuts for the party. But she got trapped by humans. She was scared and yelled for help. Then, two forest spirits, Curupira and Saci, saved her. Dora gave them her fruits and nuts to say thank you.

She returned to the party and told everyone what happened. Some monkeys, like Paco, didn't believe her. Dora realized Paco was not nice and stopped liking him. She chose to dance with Tinga, her real friend, and had a great time at the party.

Przyjęcie w Lesie

Dora, mała małpka, obudziła się wcześnie na przyjęcie w lesie. Wiele małp miało przyjść, aby się dobrze bawić. Jej przyjaciółka Tinga, inna małpka, pomogła jej to zaplanować.

Dora musiała zebrać owoce i orzechy na przyjęcie. Ale została złapana przez ludzi. Bała się i krzyczała o pomoc. Wtedy uratowały ją dwa duchy lasu, Curupira i Saci. Dora dała im swoje owoce i orzechy w podziękowaniu.

Wróciła na przyjęcie i opowiedziała wszystkim, co się stało. Niektóre małpy, takie jak Paco, jej nie uwierzyły. Dora zdała sobie sprawę, że Paco nie jest miły i przestała go lubić. Wybrała taniec z Tingą, swoją prawdziwą przyjaciółką, i świetnie się bawiła na przyjęciu.

mała (little)
małpka (monkey)
przyjęcie (party)
lesie (forest)
owoce (fruits)
orzechy (nuts)
złapana (trapped)
krzyczała (yelled)
duchy (spirits)
taniec (dance)

The Woman and the Beast

Once, in France, there was Belle and her father, a merchant. He went on a trip and found a magical castle to rest. There, he took a rose for Belle but a Beast got angry for taking it. Belle came to save her dad and agreed to stay with the Beast so her dad could go home.

At the castle, Belle was afraid, but she saw that the Beast was nice inside. The Beast loved Belle and wanted to marry her, but she missed her dad. The Beast let her use a magic mirror to see her sick dad. Belle went home to care for him.

She dreamed the Beast was sick too, so she went back to the castle. When she said she loved the Beast, he turned into a prince! A curse was broken. Belle and the prince got married and were very happy.

Kobieta i Bestia

Pewnego razu, we Francji, była Belle i jej ojciec, kupiec. Wybrał się w podróż i znalazł magiczny zamek, aby odpocząć. Tam wziął różę dla Belle, ale Bestia rozgniewała się za jej zabranie. Belle przyszła, aby uratować ojca i zgodziła się zostać z Bestią, aby jej ojciec mógł wrócić do domu.

W zamku Belle bała się, ale zobaczyła, że Bestia w środku jest miła. Bestia pokochała Belle i chciała się z nią ożenić, ale tęskniła za ojcem. Bestia pozwoliła jej użyć magicznego lustra, aby zobaczyć jej chorego ojca. Belle wróciła do domu, aby się nim zaopiekować.

Śniło jej się, że Bestia też jest chora, więc wróciła do zamku. Gdy powiedziała, że kocha Bestię, zamienił się w księcia! Klątwa została złamana. Belle i książę wzięli ślub i byli bardzo szczęśliwi.

kobieta (woman)
bestia (beast)
kupiec (merchant)
zamek (castle)
różę (rose)
magiczny (magical)
klątwa (curse)
książę (prince)
ślub (wedding)
szczęśliwi (happy)

Honesty Matters

Tim, a farmer's son, often lied for fun. He would scare people with fake stories of monsters and wild animals, or pretend to be ill to skip work. He was bored of taking cows out to the field every day and wanted excitement, so he made up these stories.

One day, Tim cried out, pretending a lion was attacking him. The villagers came to help but found it was just a trick. They were upset and told him not to lie again. But Tim ignored the warning and tricked them once more. This time, they were very angry, and his father was embarrassed.

Later, a real lion approached Tim in the field. He called for help in fear, but nobody came because they didn't believe him anymore. The lion attacked Tim, and he didn't survive. Tim's constant lies meant that when he finally told the truth, no one trusted him. This story reminds us to always be honest.

Uczciwość ma znaczenie

Tim, syn rolnika, często kłamał dla zabawy. Straszył ludzi fałszywymi opowieściami o potworach i dzikich zwierzętach, albo udawał chorobę, aby uniknąć pracy. Był znudzony codziennym wyprowadzaniem krów na pole i chciał trochę ekscytacji, więc wymyślał te historie.

Pewnego dnia Tim krzyknął, udając, że atakuje go lew. Mieszkańcy przyszli mu z pomocą, ale okazało się, że to tylko sztuczka. Byli zaniepokojeni i powiedzieli mu, by więcej nie kłamał. Ale Tim zignorował ostrzeżenie i jeszcze raz ich oszukał. Tym razem byli bardzo wściekli, a jego ojciec zawstydzony.

Później prawdziwy lew zbliżył się do Tima na polu. Wołał o pomoc ze strachu, ale nikt nie przyszedł, bo już mu nie wierzyli. Lew zaatakował Tima, i nie przeżył. Ciągłe kłamstwa Tima sprawiły, że gdy w końcu powiedział prawdę, nikt mu nie zaufał. Ta historia przypomina nam, aby zawsze być uczciwym.

uczciwość (honesty)
rolnik (farmer)
kłamał (lied)
ekscytacja (excitement)
sztuczka (trick)
ostrzeżenie (warning)
wściekli (angry)
zawstydzony (embarrassed)
zaatakował (attacked)
kłamstwa (lies)

A Forever Friendship

There was a rabbit and a fox who were great friends. The fox would always go to see the rabbit, but the rabbit never visited back. The fox got upset about this. One day, the fox tied a rope between them without the rabbit knowing. When the fox jumped into the water, the rabbit was pulled in too.

The rabbit could not swim and ended up drowning because he couldn't get free from the rope. The fox thought he had made his point. But then, a big bird saw the rabbit in the water and grabbed him. The fox forgot he was tied to the rabbit, and he got lifted up too. They both ended up in the tree. The fox realized his plan to teach the rabbit a lesson ended up trapping him too. There's a wise saying that if you make a trap for someone, you might get caught in it yourself.

Przyjaźń na zawsze

Był sobie królik i lis, którzy byli świetnymi przyjaciółmi. Lis zawsze odwiedzał królika, ale królik nigdy nie odwiedzał go w zamian. Lis zaczął to mieć za złe. Pewnego dnia lis związał między nimi linę, bez wiedzy królika. Gdy lis skoczył do wody, królik również został wciągnięty.

Królik nie umiał pływać i utonął, nie mogąc uwolnić się od liny. Lis myślał, że osiągnął swój cel. Ale potem duży ptak zobaczył królika w wodzie i chwycił go. Lis zapomniał, że jest do królika przyczepiony, i również został podniesiony. Oboje wylądowali na drzewie. Lis zdał sobie sprawę, że jego plan nauczenia królika lekcji również go uwięził. Jest mądre przysłowie, że jeśli zastawiasz pułapkę na kogoś, sam możesz w niej utknąć.

przyjaźń (friendship)
królik (rabbit)
lis (fox)
odwiedzał (visited)
lina (rope)
skoczył (jumped)
utonął (drowned)
cel (point, goal)
przyczepiony (attached)
pułapka (trap)

The Three Bears

In a house by the forest, there was a girl called Lily. Her mom asked her to pick blackberries. Lily found a little house in the woods. Inside, she saw three bowls of hot cereal and three beds. The smallest bowl and bed were just right for her, so she ate and slept there.

A bear family lived there. They came back and saw that someone had eaten from their bowls and slept in a bed. Lily woke up, saw the bears, and ran away fast. The bears fixed their chairs and made new cereal. They thought humans were strange for eating their food and sleeping in their beds.

Trzy Niedźwiadki

W domku przy lesie mieszkała dziewczynka o imieniu Lily. Jej mama poprosiła ją, aby nazbierała jeżyny. Lily znalazła mały domek w lesie. W środku zobaczyła trzy miski z gorącą kaszą i trzy łóżka. Najmniejsza miska i łóżko były w sam raz dla niej, więc zjadła i zasnęła tam.

W domku tym mieszkała rodzina niedźwiadków. Wrócili i zobaczyli, że ktoś jadł z ich misek i spał w łóżku. Lily obudziła się, zobaczyła niedźwiadki i szybko uciekła. Niedźwiadki naprawiły swoje krzesła i zrobiły nową kaszę. Pomyśleli, że ludzie są dziwni, bo jedzą ich jedzenie i śpią w ich łóżkach.

jeżyny (blackberries)
domek (little house)
miska (bowl)
kasza (cereal)
łóżko (bed)
rodzina (family)
naprawili (fixed)
krzesła (chairs)
dziwni (strange)
jedzenie (food)

A Nice Friendship

In a forest in New Zealand, a small caterpillar named Max lived on a leaf. He was friends with Sam, another caterpillar. Max liked to eat small bugs, but Sam liked leaves.

One day, Sam stopped moving and became hard. Max was sad and waited next to him. After a while, Sam changed into a butterfly and flew away. Max was alone and missed Sam.

But then, Sam came back! He told Max that Max was actually a glow worm and he shone at night. Other glow worms wanted to be Max's friends too. Even though they were different, Max and Sam played every day, happy to be together.

Miła Przyjaźń

W lesie na Nowej Zelandii, na liściu mieszkał mały gąsienica o imieniu
Max. Jego przyjacielem był Sam, inna gąsienica. Max lubił jeść małe
robaki, ale Sam lubił liście.

Pewnego dnia Sam przestał się ruszać i zrobił się twardy. Max był
smutny i czekał obok niego. Po jakimś czasie Sam zamienił się w
motyla i odleciał. Max został sam i tęsknił za Samem.

Ale potem Sam wrócił! Powiedział Maxowi, że Max jest naprawdę
robakiem świetlikowym i świeci nocą. Inne robaki świetlikowe też
chciały być przyjaciółmi Maxa. Mimo że byli różni, Max i Sam bawili
się każdego dnia, szczęśliwi, że mogą być razem.

gąsienica (caterpillar)
robaki (bugs)
twardy (hard)
motyl (butterfly)
odleciał (flew away)
świetlikowy (glow worm)
świeci (shines)
przyjaciółmi (friends)
różni (different)
szczęśliwi (happy)

Home

On a warm day, a girl named Myna couldn't go outside to play. Her mom told her to help with cooking. Myna liked the kitchen and tried to eat by herself. She made a mess but had fun. She gave some rice to a crow named Kakai, and they became friends.

Years later, Myna's town changed. Many people moved away, including Myna and her mom, who went to London. Myna missed her old home and Kakai. In London, she met another crow who reminded her of home and taught her about lasting friendship.

Myna found new friends in London and got better at speaking English. She still thought about Kakai. Then her dad came to London and told her they should feel at home there. One night, Myna found out the crow in London was Kakai. He taught her that home is where you have love and feel you belong. Myna understood she now had two homes, both under the same stars.

Dom

W ciepły dzień dziewczynka o imieniu Myna nie mogła wyjść na zewnątrz, aby się bawić. Jej mama kazała jej pomóc w gotowaniu. Myna lubiła kuchnię i próbowała jeść samodzielnie. Narobiła bałaganu, ale dobrze się bawiła. Dała trochę ryżu krukowi o imieniu Kakai, i zostali przyjaciółmi.

Lata później miasteczko Myny się zmieniło. Wiele osób się wyprowadziło, w tym Myna i jej mama, które przeprowadziły się do Londynu. Myna tęskniła za swoim starym domem i Kakai. W Londynie spotkała innego kruka, który przypomniał jej o domu i nauczył ją, co to znaczy trwała przyjaźń.

Myna znalazła nowych przyjaciół w Londynie i lepiej mówiła po angielsku. Nadal myślała o Kakai. Potem jej tata przyszedł do Londynu i powiedział, że powinni czuć się tam jak w domu. Pewnej nocy Myna odkryła, że kruk w Londynie to był Kakai. Nauczył ją, że dom to miejsce, gdzie czujesz miłość i przynależność. Myna zrozumiała, że ma teraz dwa domy, oba pod tymi samymi gwiazdami.

ciepły (warm)
bawić (play)
gotowanie (cooking)
bałagan (mess)
kruk (crow)
tęsknić (miss)
przyjaźń (friendship)
przynależność (belonging)
gwiazdy (stars)
domy (homes)

The Sword

Long ago, Uther Pendragon and his soldiers watched the Romans leave. They were happy to be free and promised to defend England. Uther was a strong leader but always thought about his son, Arthur. He wanted Arthur to grow up safely, so he had a friend look after him.

Arthur became a strong fighter. When Uther got old, he and Merlin, his wise friend, made a plan to find the next king. They put a magic sword in a stone. Only the true king could pull it out.

At a big event, nobody could pull the sword out. But Arthur did it easily when he was helping his friend. Merlin said Arthur was the new king, and everyone was happy. Arthur was a great king, keeping his country safe like his father before him.

Miecz

Dawno temu, Uther Pendragon i jego żołnierze obserwowali odchodzących Rzymian. Cieszyli się z wolności i obiecali bronić Anglii. Uther był silnym liderem, ale zawsze myślał o swoim synu, Arthuru. Chciał, aby Arthur dorastał w bezpieczeństwie, więc poprosił przyjaciela, by się nim zaopiekował.

Arthur stał się silnym wojownikiem. Gdy Uther się zestarzał, on i Merlin, jego mądry przyjaciel, wymyślili plan, aby znaleźć następnego króla. Włożyli magiczny miecz w kamień. Tylko prawowity król mógł go wyjąć.

Podczas wielkiego wydarzenia, nikomu nie udało się wyjąć miecza. Ale Arthurowi udało się to z łatwością, gdy pomagał swojemu przyjacielowi. Merlin ogłosił, że Arthur jest nowym królem, i wszyscy byli szczęśliwi. Arthur był wielkim królem, chroniącym swój kraj tak jak jego ojciec przed nim.

dawno temu (long ago)
wolność (freedom)
lider (leader)
bezpieczeństwo (safety)
wojownik (fighter)
mądry (wise)
magiczny (magic)
kamień (stone)
wydarzenie (event)
król (king)

The Tale of a Wise Old Man

There was a poor but wise old man in a small town who had a beautiful white horse. Everyone, even kings, wanted to buy it, but he said no because the horse was his friend.

When the horse disappeared, people said he made a mistake not selling it. The old man just said losing the horse might not be bad. Later, the horse came back with more horses. People thought the old man was lucky, but he didn't judge the situation.

His son tried to use the new horses but hurt his leg. People felt sorry, but the old man didn't see it as just bad. When a war started, the old man's son didn't have to go because of his leg. The people saw that the old man knew best not to judge too soon.

Opowieść o mądrym starcu

W małym miasteczku żył biedny, ale mądry starzec, który miał pięknego białego konia. Wszyscy, nawet królowie, chcieli go kupić, ale on odmawiał, ponieważ koń był jego przyjacielem.

Gdy koń zniknął, ludzie mówili, że zrobił błąd, nie sprzedając go. Starzec tylko powiedział, że utrata konia może nie być zła. Później koń wrócił z większą liczbą koni. Ludzie myśleli, że starzec miał szczęście, ale on nie oceniał sytuacji.

Jego syn próbował używać nowych koni, ale zranił sobie nogę. Ludzie współczuli, ale starzec nie widział tego jako czystego zła. Gdy wybuchła wojna, syn starca nie musiał iść, z powodu swojej nogi. Ludzie zobaczyli, że starzec wiedział najlepiej, by nie oceniać zbyt pochopnie.

mądry (wise)
starzec (old man)
piękny (beautiful)
przyjaciel (friend)
utrata (loss)
szczęście (luck)
zranić (hurt)
współczuć (to feel sorry)
wojna (war)
pochopnie (too soon)

Later!

Max was a boy who loved to say "later!" to everything. His mom often asked him to clean up or come eat, but he'd just keep playing or doing what he wanted.

One day, Max ignored his mom's request to tidy up. When his mom later found out he cheated on a test, he yelled "later!" and ignored the issue.

The next morning, Max's house was eerily quiet; his mom and friends were missing. He was alone and scared, realizing his attitude may have caused this. Full of regret, Max wished for a return to normalcy.

To his relief, he woke up the following day with his mom back. He almost said "later!" again when she asked him to get ready, but this time he chose to do it immediately.

Później!

Max był chłopcem, który uwielbiał mówić "później!" na wszystko. Jego mama często prosiła go, by posprzątał lub przyszedł jeść, ale on po prostu kontynuował zabawę lub robił, co chciał.

Pewnego dnia Max zignorował prośbę mamy o posprzątanie. Gdy mama później dowiedziała się, że ściągał na teście, krzyknął "później!" i zignorował problem.

Następnego ranka w domu Maxa panowała upiorna cisza; zniknęli jego mama i przyjaciele. Był sam i przestraszony, zdając sobie sprawę, że jego postawa mogła to spowodować. Pełen żalu, Max życzył sobie powrotu do normalności.

Ku jego uldze, następnego dnia obudził się ze swoją mamą. Prawie powiedział "później!" ponownie, gdy zapytała go, by się przygotował, ale tym razem zdecydował się to zrobić natychmiast.

później (later)
posprzątać (to clean up)
zabawa (playing)
ściągać (to cheat)
upiorna (eerie)
cisza (quiet)
przestraszony (scared)
żal (regret)
normalność (normalcy)
natychmiast (immediately)

A Contract with the Devil

In an old city named York, there was a man called Edward. He loved magic and learned how to talk to the Devil. The Devil said he could make Edward very strong with magic if Edward promised to give his soul when he went to Rome. Edward said yes but didn't plan to go to Rome ever.

Edward used the magic for good things, helping many people, even the king. The Devil waited for Edward to go to Rome, but he never did. The Devil tried to trick Edward by taking him to a place called Rome. When they got there, the Devil tried to take Edward's soul.

Edward prayed hard, and the Devil lost power. They fought, and the Devil dropped Edward on the moon by mistake. People say Edward is still there, looking down at his country.

Umowa z diabłem

W starej mieście o nazwie York mieszkał człowiek zwany Edwardem. Uwielbiał magię i nauczył się rozmawiać z diabłem. Diabeł powiedział, że może uczynić Edwarda bardzo silnym za pomocą magii, jeśli Edward obieca oddać swoją duszę, kiedy pojedzie do Rzymu. Edward się zgodził, ale nie planował nigdy jechać do Rzymu.

Edward używał magii do dobrych rzeczy, pomagając wielu ludziom, nawet królowi. Diabeł czekał, aż Edward pojedzie do Rzymu, ale on nigdy tego nie zrobił. Diabeł próbował oszukać Edwarda, zabierając go do miejsca zwanego Rzymem. Gdy tam dotarli, diabeł próbował wziąć duszę Edwarda.

Edward modlił się gorliwie, a diabeł stracił moc. Stoczyli walkę, a diabeł przez pomyłkę zrzucił Edwarda na księżyc. Ludzie mówią, że Edward jest tam do tej pory, patrząc na swój kraj z góry.

umowa (contract)
diabeł (devil)
magia (magic)
dusza (soul)
Rzym (Rome)
modlić się (to pray)
moc (power)
walka (fight)
księżyc (moon)
kraj (country)

A Lovely Bloom

Sophie, feeling bored in England, discovered an old lady, Penelope, in the park. Penelope was organizing a Filipino festival and invited Sophie to help, saying her name, which means "lovely bloom," was perfect for the event.

As they worked, Sophie learned about Filipino traditions. The next day, the park filled with people and color. Women dressed as angels represented different kinds of beauty. There was music and dancing, and Sophie felt she belonged.

Sophie realized England had its charms, with many cultures and celebrations. She saw her country in a new light.

Uroczy kwiat

Sophie, czując się znudzona w Anglii, odkryła starą panią, Penelope, w parku. Penelope organizowała filipiński festiwal i zaprosiła Sophie do pomocy, mówiąc, że jej imię, które oznacza "uroczy kwiat", jest idealne na tę okazję.

Pracując razem, Sophie nauczyła się filipińskich tradycji. Następnego dnia park wypełnił się ludźmi i kolorem. Kobiety ubrane jak anioły reprezentowały różne rodzaje piękna. Była muzyka i taniec, a Sophie czuła, że należy do tego miejsca.

Sophie zdała sobie sprawę, że Anglia ma swoje uroki, z wieloma kulturami i świętami. Zobaczyła swój kraj w nowym świetle.

uroczy (lovely)
kwiat (bloom)
festiwal (festival)
tradycje (traditions)
park (park)
piękno (beauty)
muzyka (music)
taniec (dancing)
kultury (cultures)
światło (light)

The End of the World

Elijah was a man in his town who people thought was a bit odd but also clever. One sunny day, his neighbors saw his large, healthy goat. They came to him with a plan.

"Elijah, your goat looks ready for a feast. Why not let us eat it with you?" they asked.

Elijah hesitated, but they insisted, "Come on, Elijah! Haven't you heard? They say the world will end by tomorrow!"

Thinking it over, Elijah finally agreed, "Well, if that's the case, let's enjoy a feast."

They all went down to the riverbank where Elijah killed and cooked the goat. His friends, meanwhile, enjoyed a dip in the river.

Hours later, the scent of cooked meat filled the air, and Elijah's friends emerged hungry from the water. To their shock, their clothes were missing.

"Elijah, where are our clothes?" they demanded.

With a shrug, Elijah replied, "I needed to start a good fire, so I used your clothes. After all, if the world's ending, why do you need them?"

Koniec świata

Elijah był człowiekiem w swoim mieście, o którym ludzie myśleli, że jest trochę dziwny, ale także mądry. Pewnego słonecznego dnia jego sąsiedzi zobaczyli jego dużą, zdrową kozę. Przyszli do niego z planem.

"Elijah, twoja koza wygląda na gotową do uczty. Czemu by nam nie pozwolić zjeść jej razem z tobą?" pytali.

Elijah wahał się, ale nalegali: "Chodź, Elijah! Nie słyszałeś? Mówią, że świat zakończy się jutro!"

Po namyśle Elijah w końcu zgodził się: "Cóż, jeśli to prawda, cieszmy się uczta."

Wszyscy poszli na brzeg rzeki, gdzie Elijah zabił i ugotował kozę. Jego przyjaciele tymczasem korzystali z kąpieli w rzece.

Godziny później zapach gotowanego mięsa wypełnił powietrze, a przyjaciele Elijah wyłonili się z wody, będąc głodni. Ku ich szokowi, ich ubrania zniknęły.

"Elijah, gdzie są nasze ubrania?" zażądali.

Elijah wzruszył ramionami: "Musiałem rozpalić dobry ogień, więc użyłem waszych ubrań. W końcu, jeśli świat się kończy, po co wam one?"

koza (goat)
uczta (feast)
brzeg rzeki (riverbank)
kąpiel (dip)
zapach (scent)
mięso (meat)
ubrania (clothes)
ogień (fire)
świat (world)
kończy się (ends)

A Long Sleep

A long time ago, a kind king and queen wanted a baby. Finally, a girl named Lila was born. They had a big party but forgot to invite the evil witch Malvina. During the party, good witches gave Lila nice gifts. But Malvina came and made a bad spell: Lila would sleep forever if she pricked her finger. A good witch made it less bad, so Lila would sleep for 100 years instead.

The king tried to keep Lila safe, but she still found a spinning wheel and pricked her finger. Everyone in the palace slept too. Years later, a prince named Damien found Lila, woke her with a kiss, and broke the spell. They fell in love and lived happily.

Długi sen

Dawno temu, dobry król i królowa chcieli mieć dziecko. W końcu urodziła się dziewczynka o imieniu Lila. Zorganizowali wielką imprezę, ale zapomnieli zaprosić złą czarownicę Malvinę. Podczas przyjęcia dobre czarownice dały Lili miłe prezenty. Ale Malvina pojawiła się i rzuciła złe zaklęcie: Lila będzie spała wiecznie, jeśli ukłuje się w palec. Dobra czarownica uczyniła zaklęcie mniej złym, więc Lila miała spać przez 100 lat.

Król starał się chronić Lilę, ale ona i tak znalazła kołowrotek i ukłuła się w palec. Wszyscy w pałacu też zasnęli. Lata później książę o imieniu Damien znalazł Lilę, obudził ją pocałunkiem i przerwał zaklęcie. Zakochali się w sobie i żyli długo i szczęśliwie.

król (king)
królowa (queen)
czarownica (witch)
impreza (party)
prezenty (gifts)
zaklęcie (spell)
kołowrotek (spinning wheel)
ukłuła się (pricked)
książę (prince)
pocałunek (kiss)

Growing Together

After I had trouble at school, Grandpa took me to his garden. We walked silently and brought a basket with tools and food. His garden didn't have much life, and our neighbor joked about it. Grandpa just smiled and we worked on the garden, pulling out weeds and picking up snails.

Soon, I started to feel better, even though school was still hard. Then, a special plant grew in the garden. Grandpa called it a "What." It was bright and looked like it could fly.

We tied the plant to our basket and cut the stem. The "What" flew up with us inside the basket. We flew over the land and saw everything from above. Grandpa said this helped see problems differently. I understood my school troubles were small.

Grandpa joked about dropping snails from the sky. I wondered how we would return, and he said we'd figure it out. I was happy for this adventure with him.

Razem do celu

Po tym, jak miałem problemy w szkole, Dziadek zabrał mnie do swojego ogrodu. Szliśmy w milczeniu i nieśliśmy kosz z narzędziami i jedzeniem. Jego ogród nie wykazywał zbyt wiele życia, a nasz sąsiad żartował z tego powodu. Dziadek tylko się uśmiechnął, a my pracowaliśmy w ogrodzie, wyrywając chwasty i zbierając ślimaki.

Wkrótce zacząłem czuć się lepiej, mimo że szkoła wciąż sprawiała trudności. Potem w ogrodzie wyrosła szczególna roślina. Dziadek nazwał ją "Co". Była jasna i wyglądała, jakby mogła latać.

Przywiązaliśmy roślinę do naszego kosza i przecięliśmy łodygę. "Co" wzleciała w górę z nami w koszu. Lecieliśmy nad ziemią i widzieliśmy wszystko z góry. Dziadek powiedział, że to pomaga inaczej patrzeć na problemy. Zrozumiałem, że moje kłopoty szkolne są małe.

Dziadek żartował, że zrzucimy ślimaki z nieba. Zastanawiałem się, jak wrócimy, a on powiedział, że jakoś to rozwiążemy. Byłem szczęśliwy z tej przygody z nim.

ogrod (garden)
milczenie (silence)
chwasty (weeds)
ślimaki (snails)
roślina (plant)
latać (to fly)
kosz (basket)
problemy (problems)
kłopoty (troubles)
przygoda (adventure)

Shoes Made of Glass

Ashley, called Ash, lived with her stepfamily who dressed well, while she had only rags. She was good-hearted, not like her mean stepsisters.

A royal ball was announced, but Ash wasn't allowed to go. She felt very sad. Then, a fairy godmother appeared, changed Ash's clothes into something beautiful, made a carriage from a pumpkin, and gave her glass shoes.

At the ball, the prince noticed Ash because she was so nice. They danced until it was almost midnight. Ash had to run away and accidentally left one glass shoe. The prince searched for the owner of the shoe and finally found Ash.

They got married, and the prince and Ash were very happy together, but her stepfamily was not.

Buty ze szkła

Ashley, zwana Ash, mieszkała ze swoją przybraną rodziną, która nosiła się elegancko, podczas gdy ona miała tylko łachmany. Była dobroduszna, nie jak jej złośliwe przyrodnie siostry.

Ogłoszono królewski bal, ale Ash nie pozwolono iść. Była bardzo smutna. Wtedy pojawiła się wróżka chrzestna, zmieniła ubranie Ash w coś pięknego, stworzyła powóz z dyni i dała jej szklane buty.

Na balu książę zauważył Ash, ponieważ była tak miła. Tańczyli do prawie północy. Ash musiała uciekać i przypadkowo zostawiła jeden szklany but. Książę szukał właścicielki buta i w końcu znalazł Ash.

Pobrali się, a książę i Ash byli bardzo szczęśliwi razem, ale jej przybrana rodzina nie.

przybrana rodzina (stepfamily)
łachmany (rags)
królewski bal (royal ball)
wróżka chrzestna (fairy godmother)
szklane buty (glass shoes)
książę (prince)
uciekać (to run away)
but (shoe)
właścicielka (owner)
szczęśliwi (happy)

Ant & Elephant

Ant and Elephant were friends who loved to play Talik, a game where you hide a token and others guess where it is. But Elephant's father didn't like them playing too much. He wanted Elephant to work or be with other elephants.

Elephant was scared of his father's anger, but Ant wasn't afraid at all.

One day, while playing, they felt Elephant's father coming. The ground shook.

"Father is here!" Elephant was scared. "What do I do?"

"Stay behind me," said Ant, standing up. "He won't see you here!"

Mrówka i Słoń

Mrówka i Słoń byli przyjaciółmi, którzy uwielbiali grać w Talik, grę polegającą na ukrywaniu żetonu, a inni musieli zgadnąć, gdzie się znajduje. Ale ojciec Słonia nie lubił, gdy za dużo grali. Chciał, aby Słoń pracował lub przebywał z innymi słoniami.

Słoń bał się gniewu swojego ojca, ale Mrówka wcale się nie bała.

Pewnego dnia, podczas gry, poczuli, że nadchodzi ojciec Słonia. Ziemia się trzęsła.

"Ojciec nadchodzi!" Słoń się bał. "Co mam robić?"

"Stań za mną," powiedziała Mrówka, wstając. "Tutaj cię nie zobaczy!"

Mrówka (Ant)
Słoń (Elephant)
grać (to play)
żeton (token)
ojciec (father)
bać się (to be scared)
gniew (anger)
ziemia (ground)
trzęsie się (shakes)
nadchodzi (coming)

A New Beginning

Leila moved from Tehran to London to stay with cousins. She missed her parents but hoped to find friends in England.

London was cold and strange. People looked at her differently. At school, kids with blond hair and blue eyes didn't talk to her much. But Tom, a boy who didn't fit in either, became her friend. He shared his milkshake with her.

They played and told each other stories. More kids joined and asked about Tehran. Laughing together, Leila saw that being unique was good.

She grew confident, ready to make her parents proud when they arrived.

Nowy Początek

Leila przeprowadziła się z Teheranu do Londynu, aby zamieszkać z kuzynami. Tęskniła za rodzicami, ale miała nadzieję znaleźć przyjaciół w Anglii.

Londyn był zimny i obcy. Ludzie patrzyli na nią inaczej. W szkole dzieci z blond włosami i niebieskimi oczami nie rozmawiały z nią zbyt wiele. Ale Tom, chłopiec, który również nie pasował, został jej przyjacielem. Podzielił się z nią swoim milkshakiem.

Bawili się i opowiadali sobie historie. Dołączyło więcej dzieci i pytały o Teheran. Śmiejąc się razem, Leila zobaczyła, że bycie wyjątkowym jest dobre.

Zyskała pewność siebie, gotowa sprawić rodzicom dumę, gdy przyjadą.

przeprowadzić się (to move)
kuzyni (cousins)
tęsknić (to miss)
zimny (cold)
obcy (strange)
blond włosy (blond hair)
niebieskie oczy (blue eyes)
przyjaciel (friend)
milkshake (milkshake)
wyjątkowy (unique)

The Curious Reader

Arjun, who was poor, only had simple things and a book. In 2042, books were rare, and his friends thought he was odd for it.

His book was special to him. He wrote down thoughts and his friends' numbers in it. The book was in Bengali, a language from his family's homeland, Bangladesh, but he couldn't read it.

When the internet stopped working, people panicked. But Arjun's book was useful because it had important information and game ideas. Arjun and his friends found fun in an old library.

He found an English book, "Matilda," just like his. By comparing them, he learned to read Bengali. After the internet came back, everyone else left the library, but Arjun stayed, loving the new worlds books showed him.

Ciekawy Czytelnik

Arjun, który był biedny, miał tylko proste rzeczy i książkę. W 2042 roku książki były rzadkością, a jego przyjaciele uważali go za dziwaka z tego powodu.

Jego książka była dla niego szczególna. Zapisywał w niej myśli i numery swoich przyjaciół. Książka była w języku bengalskim, języku ojczystym jego rodziny z Bangladeszu, ale nie potrafił go czytać.

Gdy internet przestał działać, ludzie wpadli w panikę. Ale książka Arjuna okazała się przydatna, ponieważ zawierała ważne informacje i pomysły na gry. Arjun i jego przyjaciele znaleźli zabawę w starej bibliotece.

Znalazł książkę po angielsku, "Matylda", podobną do swojej. Porównując je, nauczył się czytać po bengalsku. Po powrocie internetu wszyscy opuścili bibliotekę, ale Arjun został, zachwycony nowymi światami, które książki mu ukazały.

Ciekawy (Curious)
Biedny (Poor)
Książka (Book)
Rzadkość (Rarity)
Dziwak (Odd)
Bengalski (Bengali)
Panika (Panic)
Biblioteka (Library)
Porównywać (To compare)
Zachwycony (Delighted)

Two Different Brothers

In a town lived two brothers, Ben and Jack. Jack worked on their farm, but Ben was lazy and got lucky by marrying rich.

Bad luck hit Jack: his farm failed, his wife got sick, and his kids got sick too. He borrowed money from Ben and lost everything, ending up poor while Ben got richer.

At Ben's daughter's wedding, Jack asked for help but got almost nothing. Angry, Jack threw what Ben gave into a river, accidentally locking away Poverty itself. Then, good luck came to Jack.

Ben got jealous and wanted Jack's new secret. Jack told him about the bone that trapped Poverty. Ben freed Poverty, trying to make Jack poor again, but instead, Poverty stuck to Ben. Ben's life fell apart, and he died, freeing his family from poverty.

Jack's family lived well and happy from then on.

Dwaj Różni Bracia

W pewnym mieście żyli dwaj bracia, Ben i Jack. Jack pracował na ich farmie, ale Ben był leniwy i miał szczęście, bo ożenił się z bogatą.

Jacka spotkało nieszczęście: jego farma zbankrutowała, żona zachorowała, a dzieci również. Pożyczył pieniądze od Bena i stracił wszystko, stając się biednym, podczas gdy Ben stawał się coraz bogatszy.

Na weselu córki Bena, Jack poprosił o pomoc, ale dostał prawie nic. W złości, Jack wrzucił to, co dostał od Bena, do rzeki, przypadkowo zamykając w niej Ubóstwo. Potem szczęście zwróciło się do Jacka.

Ben stał się zazdrosny i chciał poznać nowy sekret Jacka. Jack powiedział mu o kości, która uwięziła Ubóstwo. Ben uwolnił Ubóstwo, próbując ponownie uczynić Jacka biednym, ale zamiast tego Ubóstwo przylgnęło do Bena. Życie Bena rozpadło się, a on umarł, uwalniając swoją rodzinę od ubóstwa.

Rodzina Jacka od tego czasu żyła dobrze i szczęśliwie.

Różni (Different)
Farma (Farm)
Leniwy (Lazy)
Nieszczęście (Misfortune)
Biedny (Poor)
Wesel (Wedding)
Złość (Anger)
Ubóstwo (Poverty)
Zazdrosny (Jealous)
Szczęście (Luck)

The Wise Old Lady

In a land with a kind queen, there was a smart old lady. She had four sons who always fought, and they had wives who were not kind. They lived in one house but cooked in different kitchens because they argued a lot. The old lady wanted them to be a happy family, so she told them they must get along or leave. She wanted them to use one kitchen to help them unite.

The sons were not rich, so they gave their earnings to their mother. The youngest son had no job one day and brought a dead snake home. The old lady threw it on their roof. At the same time, the queen's precious necklace was taken by an eagle, which swapped it with the snake. The old lady found the necklace and planned to return it to the queen.

Diwali was coming, a festival of lights. The old lady gave the necklace back to the queen. The queen wanted to give her a reward, but the old lady asked only for her house to be bright for Diwali. The queen made it happen. On Diwali, the goddess of wealth came to the bright house and was happy. She said she would stay with them if they stayed together.

The family agreed and became peaceful and happy. They were blessed with good fortune because they chose to live together in harmony.

Mądra Staruszka

W krainie z łaskawą królową mieszkała mądra staruszka. Miała czterech synów, którzy zawsze się kłócili, i synowe, które nie były miłe. Mieszkali w jednym domu, ale gotowali w różnych kuchniach, ponieważ dużo się kłócili. Staruszka chciała, aby byli szczęśliwą rodziną, więc powiedziała im, że muszą się dogadywać lub odejść. Chciała, by używali jednej kuchni, aby pomóc im się zjednoczyć.

Synowie nie byli bogaci, więc oddawali swoje zarobki matce. Najmłodszy syn pewnego dnia nie miał pracy i przyniósł do domu martwego węża. Staruszka rzuciła go na dach. W tym samym czasie orzeł porwał cenną naszyjnik królowej, zamieniając go na węża. Staruszka znalazła naszyjnik i planowała go zwrócić królowej.

Nadchodziło Diwali, święto świateł. Staruszka oddała naszyjnik królowej. Królowa chciała dać jej nagrodę, ale staruszka poprosiła tylko o to, by jej dom był jasny na Diwali. Królowa to umożliwiła. W Diwali bogini bogactwa przyszła do jasnego domu i była szczęśliwa. Powiedziała, że zostanie z nimi, jeśli będą żyć razem.

Rodzina zgodziła się i stała się spokojna i szczęśliwa. Zostali pobłogosławieni dobrym losem, ponieważ wybrali życie razem w harmonii.

Staruszka (Old lady)
Łaskawa (Kind)
Kłócić się (To argue)
Zjednoczyć (To unite)
Zarobki (Earnings)
Naszyjnik (Necklace)
Święto świateł (Festival of lights)
Bogini (Goddess)
Bogactwo (Wealth)
Harmonia (Harmony)

The Honey Story

Long ago, there's a story of a drop of honey. A man who cut trees found a cave with sweet honey. He took some honey and walked to a new place.

In a town, he met a man who sold oil. He showed the honey to get some oil. The oil seller liked the honey, but a drop fell on the ground.

Flies came to the honey. Birds came for the flies. The seller's cat caught a bird. The tree cutter's dog attacked the cat.

The angry oil seller hurt the dog badly. The tree cutter was so mad that he hurt the seller. People saw this and hurt the tree cutter.

The tree cutter's village heard about it and fought the town. Then, the kings got involved, and there was a big war.

All this happened because of a drop of honey.

Historia Miodu

Dawno temu jest historia o kropli miodu. Mężczyzna, który ścinał drzewa, znalazł jaskinię ze słodkim miodem. Wziął trochę miodu i poszedł w nowe miejsce.

W mieście spotkał sprzedawcę oleju. Pokazał mu miód, aby dostać trochę oleju. Sprzedawcy oleju spodobał się miód, ale kropla spadła na ziemię.

Muchy przyleciały do miodu. Ptaki przyleciały za muchami. Kot sprzedawcy złapał ptaka. Pies drwala zaatakował kota.

Zły sprzedawca oleju bardzo zranił psa. Drwal był tak zły, że zranił sprzedawcę. Ludzie to zobaczyli i zranili drwala.

Wioska drwala usłyszała o tym i walczyła z miastem. Potem zaangażowali się królowie, i wybuchła wielka wojna.

Wszystko to stało się z powodu kropli miodu.

Historia (Story)
Kropla (Drop)
Miodu (Honey)
Ścinać (To cut)
Jaskinia (Cave)
Sprzedawca (Seller)
Ptaki (Birds)
Zaatakować (To attack)
Zranić (To hurt)
Wojna (War)

The Wolf and the Heron

Once, in a woods, a wolf lived with a bird with a long beak, called a heron. The wolf asked the heron to come eat with him. "Please join me tomorrow," he said.

The heron was happy and went to see the wolf. The wolf made a good soup but put it on a flat plate. The heron couldn't eat because her beak was too long for the plate.

"That's too bad," said the wolf, and he ate all the soup.

The heron wanted the wolf to learn a lesson. She asked him to come eat at her place. She made soup and put it in a tall jar.

The wolf couldn't drink from the jar, but the heron could eat easily.

"Now we're even," said the heron.

The wolf felt bad and left with his head down.

Wilk i Czapla

Pewnego razu, w lesie, żył wilk i ptak o długim dziobie, zwany czaplą.
Wilk poprosił czaplę, by przyszła z nim jeść. "Dołącz do mnie jutro,"
powiedział.

Czapla była szczęśliwa i poszła zobaczyć się z wilkiem. Wilk ugotował
dobrą zupę, ale podał ją na płaskim talerzu. Czapla nie mogła jeść,
ponieważ jej dziób był za długi na talerz.

"Szkoda," powiedział wilk i zjadł całą zupę.

Czapla chciała, aby wilk nauczył się lekcji. Poprosiła go, by przyszedł
jeść do niej. Ugotowała zupę i wlała ją do wysokiego słoja.

Wilk nie mógł pić z słoja, ale czapla mogła łatwo jeść.

"Teraz jesteśmy kwita," powiedziała czapla.

Wilk poczuł się źle i odszedł z opuszczoną głową.

wilk (wolf)
czapla (heron)
dziób (beak)
zupa (soup)
płaski (flat)
talerz (plate)
słoik (jar)
kwita (even)
źle (bad)
głowa (head)

The Enchanted Goose

A boy named Lukas worked for a shoemaker in a small town. He earned little money. At night, he loved to hear stories about treasures. One story was about a magical golden goose in an old castle's cellar.

Lukas went to the castle and found the cellar. It was dark, but he found a room with a lake. A golden goose swam there.

"Hi, Lukas," the goose said. "You'll get gold coins, but you must use them all today without giving any away. If you don't, you'll always be poor."

Lukas took the gold and started spending. He bought nice clothes, ate well, and got a horse. At night, he still had coins left. A poor old man asked Lukas for help. Lukas gave him some gold.

A bright light shone, and the goose appeared. "You shared the gold! Now you'll stay poor," it said.

Lukas was okay with that. He believed sharing made him happier than keeping all the gold.

Zaklęta Gęś

Chłopiec o imieniu Lukas pracował u szewca w małym miasteczku. Zarabiał niewiele pieniędzy. W nocy lubił słuchać opowieści o skarbach. Jedna z historii mówiła o magicznej złotej gęsi w piwnicy starego zamku.

Lukas poszedł do zamku i znalazł piwnicę. Było ciemno, ale znalazł pokój z jeziorem. Tam pływała złota gęś.

"Cześć, Lukas," powiedziała gęś. "Dostaniesz złote monety, ale musisz je wszystkie wydać dzisiaj, nie dając nikomu ani jednej. Jeśli tego nie zrobisz, zawsze będziesz biedny."

Lukas wziął złoto i zaczął wydawać. Kupił ładne ubrania, dobrze jadł i kupił konia. W nocy wciąż miał trochę monet. Biedny starzec poprosił Lukasa o pomoc. Lukas dał mu trochę złota.

Zaświeciło jasne światło, i pojawiła się gęś. "Podzieliłeś się złotem! Teraz będziesz biedny," powiedziała.

Lukasowi to nie przeszkadzało. Uważał, że dzielenie się sprawiało go szczęśliwszym niż trzymanie całego złota.

zaklęta (enchanted)
gęś (goose)
szewc (shoemaker)
piwnica (cellar)
złote monety (gold coins)
ubrania (clothes)
biedny (poor)
podzielić się (to share)
szczęśliwy (happy)
światło (light)

Help Us Share Your Thoughts!

Dear reader,

We hope you enjoyed reading this book as much as we enjoyed making it for you. This book is part of a special collection from **Skriuwer (www.skriuwer.com)**, a global community dedicated to creating books that make language learning an engaging and enjoyable experience.

Our journey doesn't end here. We believe that every reader is part of our growing family. If there was anything in this book you did not like, or if you have suggestions for improvement, we are all ears! Do not hesitate to contact us at **kontakt@skriuwer.com**. Your feedback is extremely valuable in making our books even better.

If you enjoyed your experience, we would be thrilled to hear about it! Consider leaving a review on the website where you purchased this book. Your positive reviews not only warm our hearts, but also help other language learners to discover and enjoy our books.

Thank you very much for choosing **Skriuwer**. Let's continue to explore the wonders of languages and the joy of learning together.

Warm regards,
The Skriuwer Team

Printed in Great Britain
by Amazon

45742649R10071